CYCLO-GUIDES MIRAN ILLUSTRÉS

Environs de Paris

(OUEST)

LIBRAIRIE FIRMIN-DIDOT ET Cᴵᴱ

56, RUE JACOB, PARIS

AVANT LE DÉPART

Fervent du sport cycliste depuis douze années, et ayant expérimenté sur route les guides les mieux accrédités, l'auteur de cet ouvrage n'en a conçu ni exécuté le plan, sans avoir reconnu que la plupart des manuels parus jusqu'à ce jour sont plutôt destinés aux cyclistes *voyageurs* qu'aux cyclistes *promeneurs*. Nous ne saurions condamner ces manuels, car ils sont fort remarquables *en leur fin*, qui est d'indiquer tant aux coureurs qu'aux forcenés, jaloux de la vitesse des trains, le parcours le plus banal, pourvu qu'il soit direct, la route la plus lointaine, pourvu qu'elle soit unie, et de se taire sur les points pittoresques ainsi que sur les monuments du passé, dont la vue est justement un des privilèges les plus enviables du cycliste (1). Nous avons voulu simplement tenter autre chose, nous adresser aux cyclistes-touristes, en leur signalant une série de promenades praticables en une demi-journée, une journée au plus, soit à proximité de Paris, soit avec le recours du chemin de fer, dans les environs de villes réputées pour leur agrément ou leur beauté.

Ces villes, petites ou grandes, nous en avons donné un historique aussi succinct que possible, nous en avons noté scrupuleusement les richesses

---

(1) Pendant longtemps, nous avons utilisé les cartes routières à l'usage des vélocipédistes. Les cartes ont le précieux avantage de figurer l'aspect de toute une région, la situation d'une route par rapport à une autre, les tenants et les aboutissants. Mais elles n'indiquent ni la traversée des villes et des villages, ni la longueur des côtes; en outre, elles ne sauraient mentionner les points de vue agréables d'un parcours. La lecture d'une carte est donc subordonnée à la consultation d'un guide.

artistiques et reproduit les aspects les plus intéressants dans des « vues » gravées directement d'après nos photographies. On verra d'ailleurs que notre « furia » photographique s'est étendue jusqu'à reproduire les sites les plus humbles, mais non les moins aimables, pensant en cela rappeler à l'excursionniste les souvenirs les plus intimes de ses promenades.

Cette partie *artistique* de nos itinéraires — *à côté*, diraient les avaleurs de kilomètres, laissons-les dire, ne nous a pas fait négliger la partie *pratique*, qui est évidemment la condition première, la raison d'être d'un GUIDE.

Nous n'avons pas, en effet, par haine des routes droites et nues, encombrées de vélocipédistes en mal « d'épreuves », l'intention de conduire nos lecteurs dans des ravins, ni de les abandonner sur le pavé. Nos itinéraires sont tracés de façon à procurer aux cyclistes un maximum d'agrément pour un minimum d'effort, et s'il arrive que sur telle partie d'un parcours, l'inversion se produit, que la peine surmonte le plaisir, c'est que nous avons considéré comme impossible de ruser avec la Nature, en évitant par un détour, les accidents de terrain qu'elle présente.

Ces accidents de terrain, même les moins pénibles, sont notés avec soin, tant dans nos descriptions que sur le plan de chaque itinéraire. Pour la netteté de ces plans, nous avons adopté quelques signes fort simples dont on trouvera le détail dans le tableau ci-dessous.

Localité traversée	(Marnes) (Gif) (Osny) (Jurrs)
Montée ou descente	
Croupe	
Ravin	
Route pavée ou raboteuse avec bas-côtés	
Ligne de chemin de fer	
Route bordée d'arbres	
Raccourcis	
Station	*Stat.* ou *Sta.*
Longueur de la côte 1800 près des flèches.	— 1800

La ligne bordée de points que nous employons pour représenter une route ombragée n'a pas été indiquée sur certains plans, car beaucoup de nos parcours sont presque en totalité dans des vallées entièrement bordées d'arbres elles-mêmes. Les figures représentant les côtes et les descentes sont proportionnelles à l'échelle de chaque carte, si bien qu'il est facile de se rendre compte d'un coup d'œil de la partie accidentée du trajet. Enfin pour éviter toute confusion dans les plans, nous n'avons représenté les localités traversées que par des circonférences schématiques dont les diamètres différents donnent une idée approximative de l'importance des villes.

Les flèches sont toujours dirigées dans le sens du plus haut point de la côte. La petite barre transversale indique le sommet de la côte.

Bien que les parcours indiqués dans nos itinéraires ne dépassent pas en moyenne une cinquantaine de kilomètres, ils peuvent être utilisés par les cyclistes accoutumés à franchir de plus longues distances aussi bien que par ceux qui disposent de plusieurs journées. Nous avons, à cet effet, établi un *Tableau d'assemblage* que nos lecteurs trouveront à la fin du volume. Ce tableau est à plus forte raison recommandé aux voyageurs en Automobile.

Dans la plupart des localités traversées et surtout dans celles qui se trouvent au point extrême de chaque promenade, nous avons indiqué l'hôtel ou le restaurant qui nous a paru le plus confortable, sans tenir compte de l'affiliation de ces maisons à telle ou telle société vélocipédique, nous référant, pour la majorité des cas, à notre expérience personnelle.

Les noms des mécaniciens ne sont pas oubliés, non plus que certains renseignements utiles en cas d'accidents et que l'on trouvera classés par ordre alphabétique.

Peut-être devons-nous maintenant un mot d'explication sur la forme un peu courante dont nous nous sommes servi pour qualifier au passage tels lieux géographiques, ou historiques, tels monuments anciens. Les épithètes *superbe, curieux, pittoresque* ou *intéressant* n'ont été placées là que pour attirer l'attention; nous laissons au touriste le soin d'analyser et de formuler lui-même les impressions faibles ou vives, rares ou communes, que lui procureront tel site, tel vestige du passé.

Et finissons à la manière des bons préfaciers du temps jadis, en formant, pour nos lecteurs et pour leur nouvel *organe*, ont dit les frères Rosny en désignant la bicyclette, les vœux de prospérité qui leur vaudront les faveurs de la route et la clémence du temps.

Chatou.

LOCALITÉS CITÉES

VALLÉES PARCOURUES

Le tour de Longchamp.

I

LE BOIS DE BOULOGNE

Avant d'aborder la série des itinéraires que tout cycliste formé peut accomplir aux environs Ouest de Paris, il ne nous semble pas inutile de consacrer en tête de cet ouvrage quelques lignes au **Bois de Boulogne**, ce lieu favori des Parisiens, appelé si justement par excellence « le Bois ».

A ne le considérer qu'au point de vue vélocipédique, le bois de Boulogne est un endroit aussi séduisant pour l'expérience du cycliste à ses débuts que pour l'entraînement de qui ambitionne de longues excursions. Il met ses allées hospitalières à la disposition des cyclewomen prudentes et des gentlemen sur le retour, qui tout en déplorant que la bicyclette n'ait pas fait luire trente ans plus tôt ses aciers au soleil, n'en pédalent pas moins avec courage et conscience.

Cependant le croirait-on ? Le Bois de Boulogne est aussi fréquenté que peu connu. Nombre d'allées sont, à certaines heures, littéralement encombrées, tandis que d'autres, plus ombreuses, plus intimes, demeurent ignorées des promeneurs. Nous ne voulons pas en conclure, qu'à l'exemple de nos belles mondaines, les velocemen ne fréquentent le Bois que pour s'y montrer. Le sport cycliste possède un

La Porte de Madrid.

charme propre auprès duquel les satisfactions du « persil » sem-

Le Palmarium du Jardin d'Acclimatation.

blent quelque peu fades. Cette opinion nous a incité à donner, en

PLAN DU BOIS DE BOULOGNE.

regard de notre page 11, un plan vélocipédique du Bois de Boulogne ;
les habitués du Bois eux-mêmes verront, à la lecture de ce plan,
combien de découvertes il leur reste à faire !

Bien des Parisiens ignorent l'histoire de leur « bois » encore qu'elle
ne manque pas d'intérêt. Le Bois de Boulogne s'appelait jadis *Bois
de Rouverai* (de *roveretum,* chêne rouvre), nom sous lequel il est dé-

Le Pavillon d'Armenonville.

signé pour la dernière fois dans une ordonnance de 1577. Les Parisiens, obligés de le traverser pour aller à Boulogne, s'habituèrent à
lui donner ce dernier nom qui lui est resté. Percé d'une infinité de
routes et de ronds-points, il n'était planté qu'en taillis, sauf les arbres qui bordaient les allées. En 1815, les Alliés y campèrent et lui
firent subir de nombreuses dévastations. Les fortifications de Paris,
en 1840, diminuèrent le Bois de plusieurs hectares. En 1852, une loi
le concéda à titre de propriété à la ville de Paris avec l'obligation
de l'embellir et de le transformer en jardin anglais. Les travaux

d'aménagement durèrent deux ans et coûtèrent 6 millions de francs.

Vélodrome du Lois de Boulogne.

Clos du côté de l'est par les fortifications, borné par la Seine à l'ouest, le Bois (850 hectares de superficie dans sa totalité, dont

Porte de Suresnes.

près de la moitié pour la partie boisée) est entouré au nord et au midi d'un saut de loup et fermé par des grilles à ses diverses issues. Il a quatorze portes, ornées de jolis chalets, et qui sont : au nord, les portes Maillot, des Sablons, de Neuilly, de Saint-James,

Prise d'eau de Bagatelle.

de Madrid, de Bagatelle et de la Seine ; à l'ouest, la porte de Suresnes, devant le pont de ce nom ; au sud, les portes de Saint-Cloud, de l'Hippodrome, de Boulogne, des Princes ; à l'est, les portes d'Auteuil, de Passy, de la Muette et Dauphine. De ce côté, le Bois de Boulogne a perdu toute la partie à l'intérieur des fortifications, le château de la Muette, le Ranelagh, qui a été démoli, et sa pelouse ; tout cela est maintenant réuni à Paris. Après la cession du Bois de Boulogne à la ville de Paris, Napoléon III le dessina lui-même en jardin anglais. On n'y laissa que trois des anciennes allées droites, celle de Longchamp, celle de la reine Marguerite, et la route de Paris à Boulogne. Deux lacs y furent creusés, et des rivières y furent tracées. La pompe à feu de Chaillot fut chargée de les alimenter, et un puits arté-

Au Chàlet du Cycle.

sien fut entrepris à Passy pour la remplacer, ce qu'il fait à présent. Les terres enlevées pour les lacs formèrent la butte Mortemart. Une superbe cascade termine le cours d'une des rivières. Non loin de là fut tracé le champ de courses d'Auteuil. Une partie du bois, au centre, fut cédée à une entreprise particulière, pour y établir le pré Catelan, où l'on donnait des concerts, et qui n'est plus aujourd'hui qu'une dépendance du Jardin d'Acclimatation. Une autre partie, située au nord, près de Neuilly, fut plus tard cédée à la société d'Acclimatation, pour y établir un jardin zoologique. Des restaurants, des cafés ont été établis en différents endroits, notamment dans les îles des lacs. (Pavillon d'*Armenonville*, Azaïs. — A la porte Maillot, *Grossetête*. A la porte Dauphine, le *Pavillon chinois*. A la Cascade, le Restaurant de *la Cascade*. Près la porte de Suresnes, le *Châlet du Cycle*, etc.) Des promenades en bateaux sont organisées sur les lacs, où circulent des cygnes et des canards. D'immenses terrains compris entre la Seine et l'ancien bois ont été acquis par la ville de

Raidillon de Bagatelle.

Paris pour y établir l'hippodrome de Longchamp. Plus tard, on reconnut la nécessité de compléter l'hippodrome par un champ d'entraînement établi dans la plaine de Bagatelle. Pour subvenir à toutes ces dépenses, la ville de Paris fut autorisée à aliéner des parties retranchées du bois, comme tout ce qui se trouvait dans l'intérieur des fortifications, le parc aux Princes, une ligne du côté de Neuilly et de Saint-James, etc. Les principales routes sont macadamisées, entourées de trottoirs en terre et continuellement arrosées en été. Une seule est éclairée, c'est la route départementale de Paris à Boulogne. La ville dépense 350.000 fr. par an pour l'entretien des promenades.

L'inauguration des lacs et des rivières du Bois de Boulogne eut lieu en 1854. Il fallut bétonner le fond, qui fuyait. La même année, on y mit 50.000 jeunes poissons fécondés artificiellement et cet empoissonnement réussit parfaitement. La cascade de Longchamp fut inaugurée le 5 octobre 1856. Les travaux avaient duré cinq mois. Il est entré dans la construction du rocher et des bassins 2.000 mètres cubes de grès provenant de la forêt de Fontainebleau et 4.000 mètres cubes de béton. Les principaux blocs, après avoir été débités dans la forêt, ont été reconstitués avec soin dans leur forme primitive. Le bassin supérieur, qui sert de réservoir à la cascade, a 7.000 mètres carrés de superficie et peut contenir environ 10.000 mètres cubes d'eau. Il est alimenté par le trop plein du grand lac, au moyen du petit ruisseau creusé sous bois, qui

Le tour de Longchamp, près la Cascade.

traverse la mare aux Biches, et fournit déjà sur ce point une chute du plus bel aspect. La cascade débite, dans son plus grand effet, 1.200 mètres cubes de liquide par heure. Elle se compose d'une nappe principale tombant de 9 mètres de hauteur, se brisant sur les rochers de la manière la plus pittoresque, et de jets latéraux, réglés séparément, qui s'échappent des rochers placés à droite et à gauche. Les eaux, reçues dans un bassin inférieur, sont conduites, par un ruisseau serpentant à travers la plaine de Longchamp, dans les trois pièces d'eau ménagées dans la longueur de cette plaine au-dessous de l'hippodrome, d'où elles se perdent dans la Seine. La plaine de Longchamp ornée de tribunes pour les courses, renferme aussi un vieux moulin et une vieille tour carrée qui donne à son aspect un caractère pittoresque. En 1857, on a établi un lac et des

2

petites rivières dans la partie qui avoisine Neuilly; un de ces ruisseaux traverse le jardin d'Acclimatation.

La ville de Paris possède des pépinières et des serres de multiplication pour les fleurs qu'elle emploie à la décoration de Paris, dans les
terrains retranchés du côté de la Muette. Dans ces mêmes terrains,
elle a établi d'immenses glacières qui servent à emmagasiner les
glaces enlevées aux lacs du bois de Boulogne.

Le Pavillon chinois.

La Seine, vue du pont de Bougival.

ITINÉRAIRE II

Parcours : 36 kilomètres.

NEUILLY-SUR-SEINE, PUTEAUX, COURBEVOIE, NANTERRE, CHATOU, CROIS-
SY, BOUGIVAL, LA CELLE-SAINT-CLOUD, L'ÉTANG DE SAINT-CUCUFA,
GARCHES, SAINT-CLOUD, LE BOIS DE BOULOGNE.

Prendre, à la Porte Maillot, l'avenue de **Neuilly**, passer le
pont qui sépare Neuilly de **Puteaux**, localité purement industrielle,
et s'élever par le trottoir de gauche jusqu'au monument de la Défense de Paris, en se dirigeant sur l'angle droit du trottoir, chaque
fois qu'il est coupé par les rues transversales. (Prendre garde aux
rails du tramway à vapeur.) Sur le rond-point du monument, appuyer
à droite et prendre le trottoir droit de l'avenue qui aboutit sous la
voûte du chemin de fer de Versailles. Continuer tout droit et passer
sur le pont du chemin de fer du Havre. Suivre sur le trottoir la route
du Havre et laissant **Courbevoie** derrière soi, tourner à gauche vis-
à-vis la baraque d'un marchand de journaux. On passe bientôt devant
l'asile départemental, soit sur le trottoir, soit sur un bon pavé, et l'on
continue sur le trottoir droit abrité de beaux arbres jusqu'à l'avenue
Henri-Martin, près la station de **Nanterre**. (Faire attention aux cani-
veaux.) L'avenue Henri-Martin nous amène au large trottoir de droite
qu'il faut adopter pour rouler avec assez de prudence jusqu'au pont de

Chatou. Passé le pont (pavé), tourner à gauche dans la rue de l'Église et continuer jusqu'à la fin du pavé. Virer alors à gauche, traverser plus loin le chemin de fer et continuer jusque dans **Croissy** où l'on prend la rue des Deux-Ponts qui aboutit aux ponts (péage 0.05 cen-

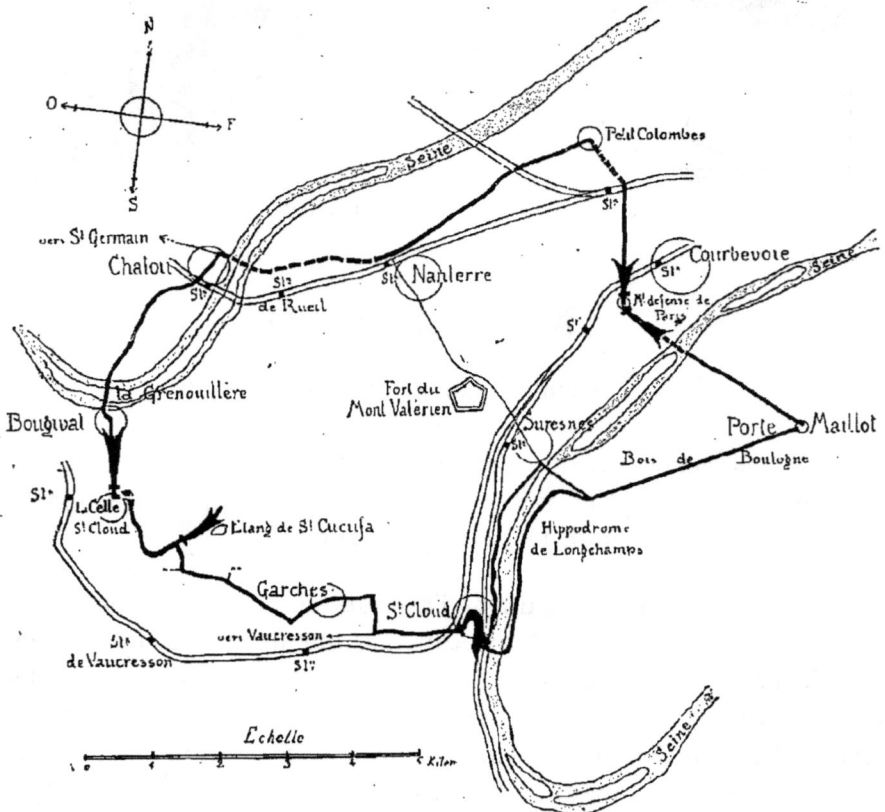

PLAN DE L'ITINÉRAIRE II.

times) qui passent sur les deux bras de la Seine entre l'île Gautier, à droite et l'île de la Chaussée, à gauche. La vue que l'on a des ponts de **Bougival** est fort jolie. Le village de Bougival est presque ex-clusivement fréquenté des canotiers ; c'est dire qu'il est moins fêté depuis que le sport cycliste a conquis les faveurs de tous. (Hôtel-Res-taurant de l'*Union*, de *Madrid*. — Mécanicien : Blassicaux.) Il y a plus d'un demi-siècle, l'hôtel de l'Union était une fort modeste auberge où quelques peintres parisiens se donnaient rendez-vous. Corot, Fran-

çais, Meissonier, pour ne parler que des plus célèbres, le fréquentèrent. Ils ont orné de peintures la
salle à manger de cet hôtel que l'on appelait jadis la
maison Souvent, du nom de son tenancier. — On

Chaussée de Bougival.

peut s'écarter légèrement de l'itinéraire en suivant la chaussée qui

La Seine à Port-Marly (près la machine.)

conduit à la machine de Marly, sur le quai Rennequin-Sualem, l'in-

venteur de la première machine commandée par Louis XIV pour amener les eaux de la Seine à Versailles. Cette machine était tombée par
degrés dans un état complet de vétusté, après avoir alimenté un
aqueduc qui fournissait chaque jour 11.500 hectolitres et amenait
les eaux du fleuve à 154 mètres d'élévation. Elle a été remplacée en
1858 par une autre machine que l'on peut visiter à toute heure. Celle-

Étang de Saint-Cucufa.

ci consiste en six roues à palette ayant chacune 12 mètres de diamètre
et 4^m,50 d'épaisseur. La machine de Marly peut amener à l'aqueduc
jusqu'à 2.000 mètres cubes d'eau par roue et par jour. Elle fut in-
ventée par l'ingénieur Dufrayer. Les restes du premier inventeur
de la machine de Marly, Rennequin-Sualem, ont été inhumés dans
l'église de Bougival qui date du XIIe siècle et possède un beau clocher
roman (restauré). — De Bougival à **La Celle-Saint-Cloud** la côte
est excessivement dure. Prendre la rue pavée en face du pont et
continuer tout droit, passant devant l'église, jusqu'à la fourche.
Laisser alors devant soi la route qui mène à Versailles prendre
celle de gauche. (Côte en lacet de 2.500 mètres.) Arrivé en haut de
la côte, au rond-point, suivre la route de gauche qui conduit au
chemin aboutissant à la Vacherie et à l'**Étang de Saint-Cucufa**
qui vaut une visite. Saint Cucufa était un moine espagnol confit en

dévotion, qui, dit-on, s'était retiré dans ces solitudes. Une chapelle
s'élevait jadis, pa-
raît-il, sur le bord
de l'étang ; il n'en
reste plus trace. —
On quitte l'étang de
Saint - Cucufa, en
remontant le che-
min à droite de la
maison du garde et
de la Vacherie.
Quelques centaines
de mètres plus
loin, on rejoint la
route qui monte à
la lisière du bois.
Traverser alors le
superbe haras Lu-
pin, puis continuer
à travers bois jus-

Nouvelle église de Garches.

qu'aux premières maisons de **Garches**, village qui a beaucoup
souffert pendant la guerre franco-allemande et dont l'église, qui datait du XIIIᵉ siè-
cle, a été détruite
pendant la ba-
taille du 19 jan-
vier 1871. — Dès
les premières
maisons de Gar-
ches, tourner à
droite et, arrivé
plus loin à celles
de Villeneuve-
l'Étang où se
trouve la pro-
priété de feu Pas-
teur, virer à gauche ; on arrive ainsi aux premières maisons de

Garches. — La Route nationale.

Saint-Cloud. Libre à soi de rentrer à Paris par la descente de Suresnes, plus loin, à gauche, ou par celle de Saint-Cloud, en prenant vis-à-vis l'église, à gauche auprès de la station. la descente rapide (un coude à droite) qui aboutit au pavé et au pont de Saint-Cloud. Dans ce dernier cas, on traverse le pont et l'on tourne à gauche en suivant le beau quai sur la Seine jusqu'à la porte de Saint-Cloud qui s'ouvre sur le **Bois de Boulogne.**

Restaurant, à Garches.

Les premières maisons d'Igny.

ITINÉRAIRE III

Parcours : 33 kilomètres.

PORTE de BILLANCOURT, ISSY, CLAMART, PETIT-BICÈTRE, VILLACOUBLAY,
BIÈVRES, IGNY, PALAISEAU, VILLAINE, VERRIÈRES, CHATENAY,
SCEAUX, FONTENAY-AUX-ROSES, BAGNEUX, MONTROUGE, PARIS.

Après la porte de Billancourt, traverser le pont, prendre la
porte du Bas-Meudon. (Pavé, 80 mètres.) Suivre à gauche le boulevard du Point-du-Jour jusqu'au carrefour de Paris à Versailles
par **Issy**. Monter par la rue Bourgain, longue de 3 kilomètres mais
vélocable. A mi-côte, on découvre un magnifique panorama de Paris.
— Traverser **Clamart** par la place Marquis, la rue de la Forêt (Restaurant *Au Rendez-vous des Parisiens*), la rue de Meudon, la place
Hunebelle (Restaurant de *la Gaîté*), la place de la Mairie, la rue
de l'Église (pavée), la place Ferrari, où est la façade de l'hospice
Galliera, et enfin la rue du Genêt. (Pavé, 600 mètres.) — L'hospice Galliera, ou plutôt Ferrari, fut institué par la duchesse de Galliera (morte en 1888) pour y loger environ cent vieillards. Arrivée à
la forêt par une côte extrêmement dure de 500 mètres. A la croix du
Jubilé, prendre à droite la route qui mène directement au **Petit-
Bicêtre**. (Macadam, puis pavé avec trottoirs.) (Au Petit-Bicêtre, divers restaurants, poste de secours du *Touring-Club*.) Croisée de la
route de Choisy-le-Roy à Versailles, que l'on suit jusqu'à la ferme

de **Villacoublay.** En face de la ferme, s'engager dans le chemin

Vue de Paris depuis la montée d'Issy à Clamart.

qui mène à Bièvres, laissant plus loin à droite la vieille tour de

Clamart. — Place de la Mairie.

Gizzy, à gauche la ferme et le château de Bel-Air. Avant de continuer

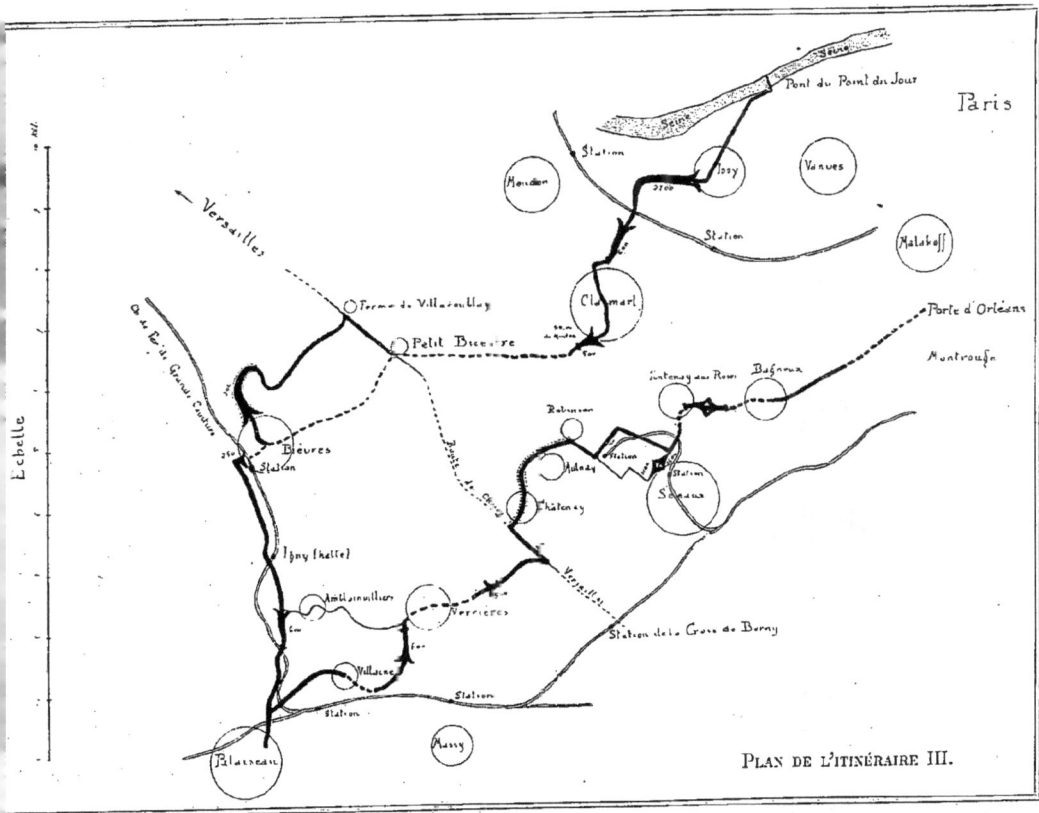

PLAN DE L'ITINÉRAIRE III.

par la descente que l'on trouve en tournant à gauche, on découvre la charmante vallée de la Bièvre. Cette petite rivière que nous voyons si pure, devient un immonde ruisseau dans la capitale; ses eaux, après avoir alimenté des mégisseries et différentes fabriques, entre autres la manufacture des Gobelins, entrent sous terre et pénètrent dans le grand égout de la rive gauche. — La descente sur Bièvres, rapide et dangereuse, est longue de 1.800 mètres. Entrée à **Bièvres**

Sortie de Clamart. — La Croix du Jubilé.

sur un mauvais pavé que l'on suit jusqu'à un carrefour. (Restaurant du *Charriot d'Or*.) Prendre à droite et descendre directement jusqu'au passage à niveau que l'on traverse pour retrouver la route. (Côte de 250 mètres assez dure.) A la croisée des routes, tourner à gauche et suivre la verdoyante vallée de la Bièvre jusqu'à **Igny**. — Traversée d'Igny en pente tortueuse et rapide. A la sortie du village, passage à niveau, halte du chemin de fer de Grande Ceinture. — Suivre la route jusqu'à la croisée du chemin qui aboutit au village agréablement situé d'Amblainvilliers. Monter la côte (600 mètres), traverser le passage à niveau, laissant à gauche la gare stratégique de Massy-Palaiseau et continuer la route jusqu'à **Palaiseau**. (Hôtel de *l'Éléphant*. — Mécanicien : Châtelain.) (Voir l'Itinéraire X, page 84). — Reprendre la route d'arrivée jusqu'à la pre-

Le Petit Bicêtre. — Route de Choisy-le-Roi à Versailles.

mière rue à droite que l'on suit pendant 400 mètres pour passer le

Palaiseau.

pont du chemin de fer. Suivre, en tenant sa droite, jusqu'au Pavé de **Villaine.** A la sortie du village, tourner à gauche et descendre jusqu'au moulin Mignaux, sur la Bièvre. A partir du petit pont auprès duquel est un lavoir, la route remonte pendant 300 mètres, pour atteindre les premières maisons de **Verrières-le-Buisson**, village situé à 300 mètres d'un bois magnifique appelé jadis _buisson de Verrières_. Le bois de Verrières est percé de routes parfaitement cyclables qui peuvent constituer à elles seules une délicieuse pro-

Amblainvilliers.

menade. (Voir l'Itinéraire IV, page 33.) — Dès les premières maisons de Verrières, on tourne immédiatement à droite et l'on traverse le village sur bon pavé. (Restaurant du _Faisan_. — Mécanicien : Lamant.) A la sortie, route directe jusqu'à la croisée de la route de Choisy à Versailles. Côte facile au centre du parcours. Pour éviter le pavé de **Châtenay**, suivre à gauche la route de Choisy jusqu'à la Chaumière. (Restaurant Têtevuide.) S'engager à droite, en face du restaurant sur un chemin qui conduit à Aulnay, appuyer à gauche en suivant la vallée du ruisseau d'Aulnay. (Charmante route sous bois.) Après avoir dépassé la propriété de la famille de la Rochefoucauld (Restaurant Barbet), on arrive par une route légèrement montueuse aux premières maisons de Robinson. Prendre à droite la route de Sceaux jusqu'en vue de la gare. — A 100 mètres sur la droite, on trouverait la ville illustrée jadis par l'immense parc et la somptueuse résidence qui faisaient partie du domaine de Sceaux et appartinrent au duc du Maine et à sa descendance, mais ce détour nous semble inutile. Château et parc furent vendus comme biens nationaux après la Révolution, et il ne reste aujourd'hui sur une partie de leur emplacement, qu'un jardin public et une pièce d'eau. — Nous nous engagerons donc à gauche sur la route qui longe la voie ferrée, puis passant sous la voûte du chemin de fer que l'on aperçoit sur la droite, nous rejoindrons directement la route de Sceaux à **Fontenay-aux-Roses**, au point inférieur du vallon. — Côte assez dure de 1.400 mètres aboutissant aux premières maisons du village fleuri et si joliment situé de Fontenay. Après quelques centaines de mètres de pavé, prendre, à la première croisée, la route macadamisée de droite qui mène à **Bagneux**. (Ravin entre Fontenay et Bagneux). — Traversée de Bagneux avec descente. (Pavé, 400 mètres.) La route reprend et l'on regagne **Paris** en laissant à gauche le cimetière de Bagneux, à droite le fort de **Montrouge**. Entrée par la porte d'Orléans après avoir suivi la rue de Bagneux. (Pavé, 2 kilomètres.)

Voûte du chemin de fer entre Sceaux et Fontenay-aux-Roses.

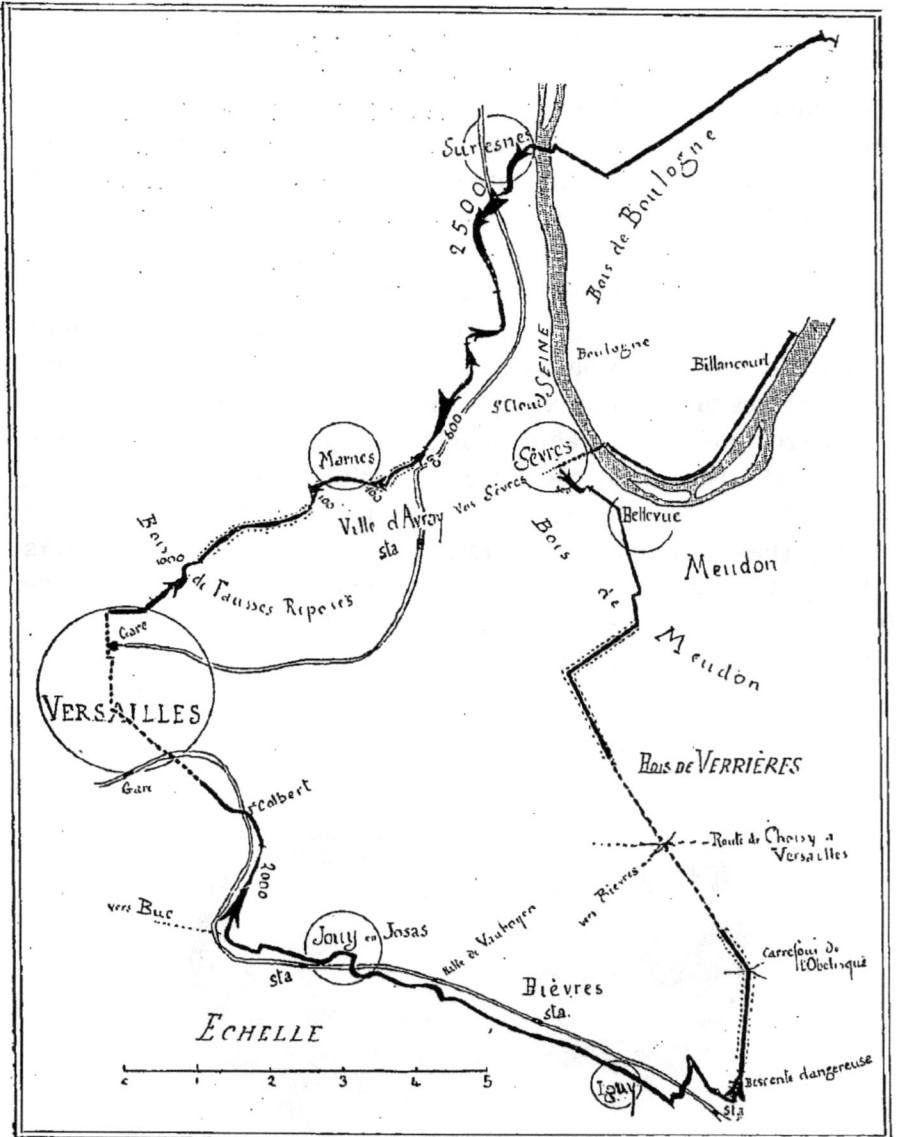

Surlesnes

2500

Bois de Boulogne

SEINE

Boulogne

Billancourt

St Cloud

Sèvres

Marnes

600

Ville d'Avray
sta

Vers Sèvres

Bellevue

Bois

Meudon

de

Meudon

Raccord de Fausses Reposes

Gare

VERSAILLES

Bois de VERRIÈRES

Gare

f Colbert

Route de Choisy à
Versailles

2000

vers Buc

vers Bièvres

Jouy en Josas
sta

Ville de Vaubuyon

Carrefour de
l'Obelisque

Bièvres
sta

ECHELLE

Descente dangereuse

Jouy
sta

c   1   2   3   4   5

PLAN DE L'ITINÉRAIRE IV.

Le pont de Suresnes.

ITINÉRAIRE IV

Parcours : 46 kilomètres.

BILLANCOURT, SÈVRES, BELLEVUE, LE BOIS DE MEUDON, LE BOIS DE
VERRIÈRES, IGNY, JOUY-EN-JOSAS, VERSAILLES, MARNES-LA-COQUETTE,
MONTRETOUT, SURESNES, LE BOIS DE BOULOGNE.

A la porte de **Billancourt**, près le viaduc d'Auteuil, mettre pied
à terre et descendre à droite, avant le pont de Billancourt, les marches d'un petit escalier sur le quai du Point du Jour, bordé de guinguettes dont les tenanciers gagnent, le dimanche, de quoi vivre pendant la semaine. Suivre sans interruption la boucle que décrit la
Seine, par le quai de Billancourt jusqu'à hauteur du pont de **Sèvres**.
S'engager sur le pont en tournant à gauche et suivre dans Sèvres le
pavé (650 m.) jusqu'à l'avenue de **Bellevue** qu'on prend à gauche et
qui s'élève assez fort sur un parcours de 625 mètres. — Vis-à-vis de la
place Guillaume (Hôtel de la *Tête noire*, fort cher) tourner à droite dans
l'avenue Mélanie, puis à gauche dans la rue Léonie (Restaurant de
la Gare) et enfin encore à gauche dans la rue des Potagers pour finir
au commencement de l'avenue de **Meudon**, à droite. Monter jusqu'au
pont du chemin de fer, le traverser, croiser le pavé des Gardes et

3

s'élever par l'avenue de Meudon jusqu'à la terrasse du château de Meudon converti en observatoire astronomique. (Superbe panorama.) De là, monter machine en main le petit escalier qui conduit dans le parc de l'Observatoire autorisé pour les cyclistes. — La grille du parc une fois franchie, on se trouve en pleine forêt. Prendre la route perpendiculaire à la grille jusqu'à la première croisée. Tourner à gauche sur la route qui passe devant le restaurant dit *l'Ermitage de Villebon*. Continuer la route et aboutir en longeant des cultures jusqu'à la porte de Verrières. A gauche

L'Ermitage de Villebon.

commence un chemin assez encombré de mauvaises pierres,

Montée de Bellevue.

mais qu'il faut suivre jusqu'au petit Bicêtre, où l'on traverse la route de Choisy-le-Roi à Versailles pour s'engager en face, laissant à gauche la Gendarmerie, sur le chemin qui s'enfonce au bout de quelques minutes dans le **Bois de Verrières**. Ce chemin, assez raboteux sur une partie de son parcours, qui est de 1.100 mètres, aboutit au carrefour de l'Obélisque, centre de ce bois magnifique, où de vieilles pierres avec inscriptions, disposées comme des bancs, sont, à défaut d'obélisques, entourées de grands arbres. — Suivre sur

Bois de Verrières. — Carrefour de l'Obélisque.

sa droite l'allée qui mène directement au bout de 1 kilomètre et demi à un ravin qui domine **Igny**. Descendre de machine et prendre à droite, après le passage du ravin, la rue macadamisée du Moulin, où, tournant à gauche, on descend à Igny. Traverser le passage à niveau et suivre toujours dans Igny la route macadamisée, tortueuse et montante, qui nous élève sur le côteau dominant la rive gauche de la Bièvre. A gauche, et au delà de la vallée à droite les arbres forestiers qui s'arrondissent en dômes touffus envoient leurs émanations, pures et vivifiantes, et l'on poursuit ainsi agréablement sans mouvement de terrain notable, la route qui aboutit à **Jouy-en-Josas**; on a laissé Bièvres à sa droite. — L'arrivée à Jouy se fait sur un passage à niveau (Église en partie du XVIe siècle. — Ses boiseries, de la même époque.) (Hôtel-Restaurant de *la Gare*. — Mécanicien : Piet.) Si l'on préfère ne pas s'arrêter, prendre à gauche la route qui monte dans le haut du pays, appelé Petit-Jouy, tourner à droite, et suivre

Vue d'Igny, prise du bois de Verrières.

en longeant le chemin de fer, la route belle, mais qui monte pendant

Jouy-en-Josas. — Maison de feu le Maréchal Canrobert.

2 kilomètres et qui rejoint celle, plantée d'arbres, de Choisy-le-Roi à

Versailles. A la croisée de ces deux routes, tourner à gauche. Quelques centaines de mètres après la descente, on arrive à l'octroi de Versailles. — La traversée de Versailles ne peut se faire que sur le pavé. Après la longue et montueuse rue des Chantiers, traverser l'avenue de Paris, prendre la rue Saint-Pierre, traverser l'avenue de Saint-Cloud, suivre la rue Duplessis jusqu'au bout (1.034 m.). Le pavé compris entre les rails du tramway est le meilleur). On aperçoit alors sur sa droite l'avenue de Villeneuve-l'Étang, bordée

Mairie et Église de Marnes.

de gracieuses villas, mais tortueuse et fort dure à monter (1 kilomètre). Elle nous amène à l'une des portes du bois de Fausses-Reposes. Après la grille, bordée par la maison du garde, laisser à gauche la route pavée de Vaucresson et prendre le chemin qui s'enfonce dans le bois à gauche, anciennement appelé la route de l'Impératrice. Cette route assez plate et bien ombragée conduit par quelques détours jusqu'aux premières maisons de Marnes. Continuer tout droit, mais très prudemment en descendant le raidillon qui mène jusqu'au Restaurant. A ce moment, tourner à droite et traverser Marnes, dite **Marnes-la-Coquette**, épithète aussi justifiée par la situation du village que par le luxe des habitations et des parcs qui le composent. Sur la place où sont côte à côte la mairie et l'église, cette dernière construite aux frais de l'impératrice Eugénie, laisser à gauche la porte du bois de Saint-Cloud au travers duquel on pourrait passer pour revenir jusqu'à Saint-Cloud (voir Itinéraire VI, page 45). — La route descend faiblement pour arriver à une pente courte, mais dangereuse, qui rejoint la route de Ville-d'Avray à Versailles. Tourner alors à gauche. Après avoir traversé Ville-d'Avray pendant quelques centaines de mètres, la route s'élève au moment précis où l'on franchit la porte du parc de Saint-Cloud (150 mètres). Après le pont sous lequel où passe, la route descend d'abord faiblement, puis de plus en plus jusqu'au moment où l'on suit le tunnel au-dessus duquel passe le chemin de fer de Garches à Marly. Deux cents mètres plus loin, franchir à gauche le passage à niveau et monter la côte (900 mètres) qui s'élève jusqu'aux hauteurs de **Montretout**. (Café du *Repos de la Montagne*.) C'est alors que commence la descente de **Suresnes** (2.500 mètres). Sur la droite, magnifique panorama sur la vallée de la Seine, le Bois de Boulogne et Paris.

La route descend en décrivant plusieurs courbes, passe sous le pont de la ligne de Versailles, puis sous celui de la ligne de Puteaux au Champ de Mars, laisse à gauche le Mont Valérien et arrive au boulevard de Versailles qui traverse Suresnes dans toute sa longueur. (Au bas de l'avenue, restaurants à gauche et à droite. Atelier pour les réparations.) Franchir le pont de Suresnes et atteindre la grille du **Bois de Boulogne**. On revient ensuite par la Cascade et l'avenue de la Porte-Maillot. On peut également après la montée de la Cascade, revenir soit par le Pré Catelan et ses lacs, soit par l'avenue de la reine Marguerite, Madrid et l'allée du Jardin d'acclimatation.

(Cette excursion est, jusqu'à Igny, presque impraticable pour les automobiles.)

Au Bois.

Herblay. — Vue prise du cimetière.

ITINÉRAIRE V

Parcours : 43 kilomètres.

Neuilly, Courbevoie, Bezons, Cormeilles-en-Parisis, Herblay, La Frette, Sartrouville, Le Pecq, Chatou, Nanterre, Puteaux, Neuilly, Paris.

De la Porte Maillot, prendre à droite la rue de Chartres, puis successivement l'avenue du Roule, le rond-point Inkermann, le boulevard du même nom, à gauche la rue Borghèse, et le boulevard Bourdon, sur le quai de la Seine. — Suivre ensuite le quai jusqu'au pont de la grande Jatte. S'engager sur le pont et continuer tout droit (boulevard Bineau), en passant sous la voûte du chemin de fer, jusqu'à ce qu'on aperçoive à un carrefour, sur une maison à droite, la plaque indicatrice de **Courbevoie**. (Pavé praticable, 1 kil.) Prendre immédiatement à gauche, la route qui conduit à Charlebourg, puis le boulevard de la République, le boulevard National jusqu'au pont situé sur le chemin de fer du Havre. Le pont est pavé ainsi que dans son prolongement qui est la route de **Bezons**, mais les trottoirs (prendre celui de droite) sont autorisés. Une courte montée amène au pont de Bezons, que l'on traverse pour s'engager juste en face dans la rue macadamisée Villeneuve. — Tournant à droite par la rue de Saint-Germain, ensuite à gauche par la rue de Pontoise qui n'est autre que la route, on retrouve 100 mètres de pavé. Le macadam reprend en montée assez douce, puis conduit en pente jusqu'au hameau du Val Notre-Dame (Restaurant Moriceau). Croiser le chemin d'Argenteuil à Sartrouville, et continuer dans la direction de **Cormeilles-en-Parisis** que l'on aperçoit s'étendant sur les hauteurs. Le pavé recommence sur une longueur de 900 mètres sans trottoirs praticables, puis reprend plus loin sur une même longueur. On passe sous le pont de la ligne de Mantes, laissant à droite, à l'extrémité du pavage, le chemin de Cormeilles, localité importante au point de vue stratégique, son territoire étant peuplé d'un fort, de batteries et de redoutes. — Continuant ensuite la route jusqu'à ce qu'une nouvelle pré-

La Seine, vue du pont de Bezons.

sence du pavé oblige à descendre pour prendre les trottoirs, s'engager à gauche sur la petite route qui conduit à **Herblay**, entre des vignobles. Arrivée en pente à Herblay (Pavé) sur une place qui est celle des Étaux. Tournant à gauche par la Grand' Rue ou rue de Paris, et descendant jusque passé la voûte du chemin de fer, suivre à gauche un chemin montant qui conduit à l'église. L'église d'Herblay date du XIIe siècle, sauf son chœur, qui est du XVe. Depuis le cimetière, situé à quelques mètres de l'église sur le versant qui domine la Seine, on a une admirable vue sur la rivière peuplée d'îles boisées et sur la forêt de Saint-Germain ; il est donc intéressant de faire ce petit détour avant de descendre

à pied (pente rapide et dangereuse), jusqu'au quai de la Seine dit le
Val d'Herblay. De là, dans le prolongement de la courbe que décrit
la rivière, on aperçoit à gauche le petit village de **La Frette**,
bâti en amphithéâtre sur le coteau. S'y rendre par le mauvais chemin

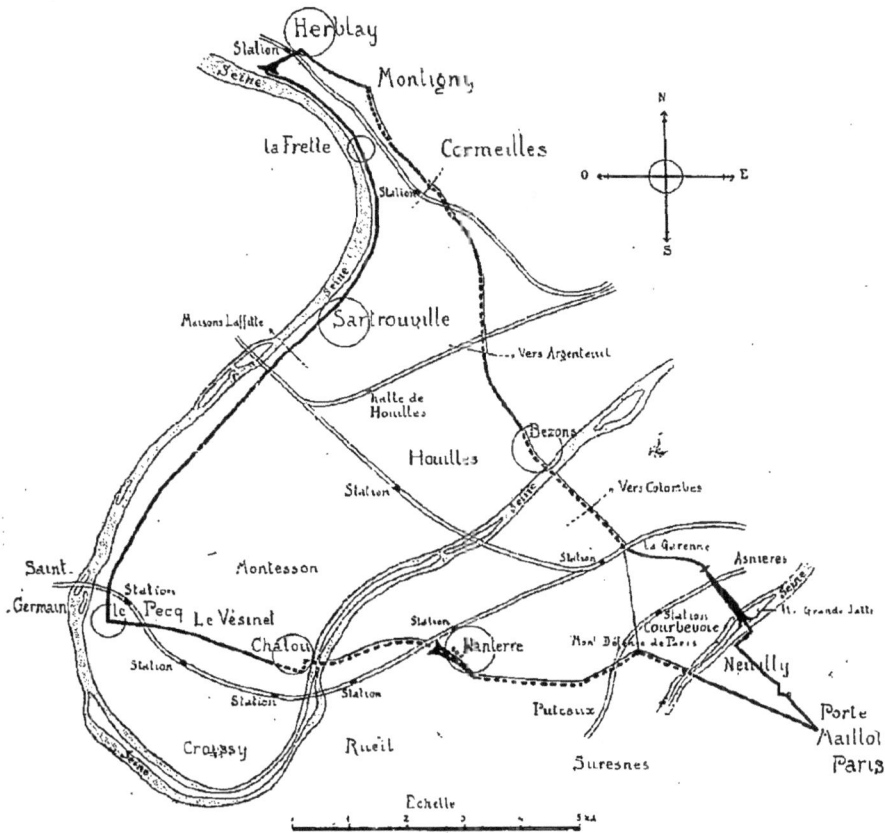

PLAN DE L'ITINÉRAIRE V.

de hâlage à peine praticable qui suit le bord de l'eau (1 kilomètre),
remonter sur sa machine dès les premières maisons du village et
suivre ainsi au bord de la Seine la route qui conduit à **Sartrouville** où l'on arrive en tournant à droite par la rue Hortense,
puis à gauche par la rue de l'Église. L'église de Sartrouville date
des XIIᵉ et XIIIᵉ siècles; son clocher octogone est en pierres; elle
est située dans le haut du village. La rue de l'Église descend à la

place Nationale après laquelle on prend à gauche la rue ou route

La Frette.

de Saint-Germain où l'on parcourt de belles cultures maraîchères. — Passage à niveau et vue à droite des hauteurs de la forêt de Saint-Germain, puis de la fameuse terrasse du même nom. — Arrivé au **Pecq**, tourner à droite, laissant derrière soi la ville de Saint-Germain, et suivre jusqu'à **Chatou** le boulevard Carnot qui traverse le bois et le village du Vésinet. (Prendre garde aux bandes de pavé.) Entrée dans Chatou par la rue de Saint-Germain; prendre à gauche en face de l'église, la rue de la Paroisse, puis à droite la rue du Pont et le pont. (Pavé 400 m.) A droite du Pont, en contre-bas, est le curieux restaurant Fournaise (cher), fréquenté par les artistes, à en juger par les peintures de Le Pic, Gilbert et Réalier-Dumas

Église de Sartrouville.

dont ses murs sont couverts. Sous une tête de chien, du Vte Le Pic, Guy de Maupassant a crayonné des vers. — Après la traversée du pont, prendre à gauche l'avenue de Chatou et son trottoir de gauche. —

Arrivée à **Nanterre** par l'avenue Henri-Martin. Reprendre le trottoir que l'on quitte pour passer plus loin sur bon pavé devant l'Asile départemen-

Pont de Chatou.

tal. On parvient ainsi à un carrefour où est à droite sur le trottoir

Saint-Germain, vu du pont du Pecq.

une baraque de marchand de journaux ; s'engager sur ce trottoir, qui suit la route du Havre jusqu'au boulevard National où l'on roule toujours sur le trottoir, jusqu'au rond-point de **Puteaux**. — Passage sous la voûte du chemin de fer, en vue du monument de la Défense

La Seine, vue du restaurant Fournaise.

de Paris, reprise du trottoir et côte de 200 mètres pour atteindre le monument, qui domine les plaines où sont tombés, en 1871, tant de défenseurs de la capitale; ce monument est dû au ciseau de Barrias. — Descendre l'avenue de la Défense de Paris sur le large trottoir droit, se dirigeant toujours sur l'angle gauche du dit trottoir chaque fois qu'il est interrompu par les rues transversales; prendre garde aux rails du tramway. Traversée du pont de **Neuilly** et parcours de l'avenue de Neuilly jusqu'à la Porte Maillot.

Pont de la Grande-Jatte.

Côte de Picardie. — Porte de Versailles.

ITINÉRAIRE VI

Parcours : 49 kilomètres.

PORTE MAILLOT, BOIS DE BOULOGNE, SAINT-CLOUD, VILLE D'AVRAY, VERSAILLES, ROCQUENCOURT, VAUCRESSON, GARCHES, SURESNES, BOIS DE BOULOGNE, PORTE MAILLOT.

Le départ se fait de la **Porte Maillot**. Prendre à droite dans le **Bois de Boulogne** la route du jardin d'Acclimatation que l'on laisse sur la droite (excellente). En face le château de Madrid, s'engager sur la petite route qui mène par une courte descente assez en pente au champ de manœuvre de Bagatelle. On traverse ce dernier pour suivre la Seine jusqu'à **Saint-Cloud**, que l'on trouve sur l'autre rive à droite du troisième pont (à droite pont de Suresnes et Châlet du Cycle). — A Saint-Cloud, monter la côte à droite du pont, très raide. (Restaurant du *Pavillon bleu*. — (On peut faire monter sa machine par des gamins que l'on trouve à côté de la station du chemin de fer, 50 centimes à 1 franc). Pendant la côte, bien tenir sa droite à l'aller et au retour et se défier des tournants, pour éviter les voitures. La partie centrale est la plus dure. En haut de la côte, suivre tout droit jusqu'à la croisée de la route de Suresnes. On aperçoit à gauche, au bas d'une petite descente la ligne de chemin de fer. Suivre cette route et franchir le passage à niveau (secousses). Les cyclistes qui désirent éviter la côte de Saint-Cloud peuvent tra-

verser le parc avec une carte (50 centimes par machine) que l'on trouve
chez le marchand de tabac à gauche de la place, en face du pont de
la Seine. Prendre, en ce cas, la montée de gauche qui mène à l'emplacement de l'ancien château. Monter le raidillon à droite de la grille
et suivre tout droit par la grande avenue très ombragée qui monte
en pente douce jusqu'à la maison du garde environ. Tourner alors à
gauche et suivre le petit chemin encaissé sous les arbres. A travers

Entrée du Jardin d'Acclimatation.

le parc, on peut aboutir soit en haut de la côte de **Ville d'Avray**,
soit à Marnes. Passer sous le pont du chemin de fer (embranchement
de la grande ceinture) et monter la côte de Ville d'Avray (fin de la
côte au pont qui se voit en haut). (Restaurant Cabassud.) En haut
de la côte, à la patte d'oie, ralentir pour descendre *prudemment* en
arrivant à la porte de Ville d'Avray. Suivre la route tout droit. Au
carrefour de la route de Marnes la route monte très sensiblement,
entre les maisons de Ville d'Avray. Après quelques détours, on trouve,
à gauche, le restaurant Cabassud. De l'autre côté du restaurant,
vue sur les étangs de Ville d'Avray et monument de Corot. — Continuer la route qui devient assez plane jusqu'à la côte de Picardie
(entre ces deux points, trois guinguettes sur la route affiliées à l'U.
V. F. et possédant des pompes et des ustensiles de réparations). —
En haut de la côte de Picardie, ralentir pour la descente qui est
très raide jusqu'à l'octroi de Versailles. Se méfier des pavés aux
environs de l'octroi. — Aussitôt en bas de la côte, en arrivant à Ver-

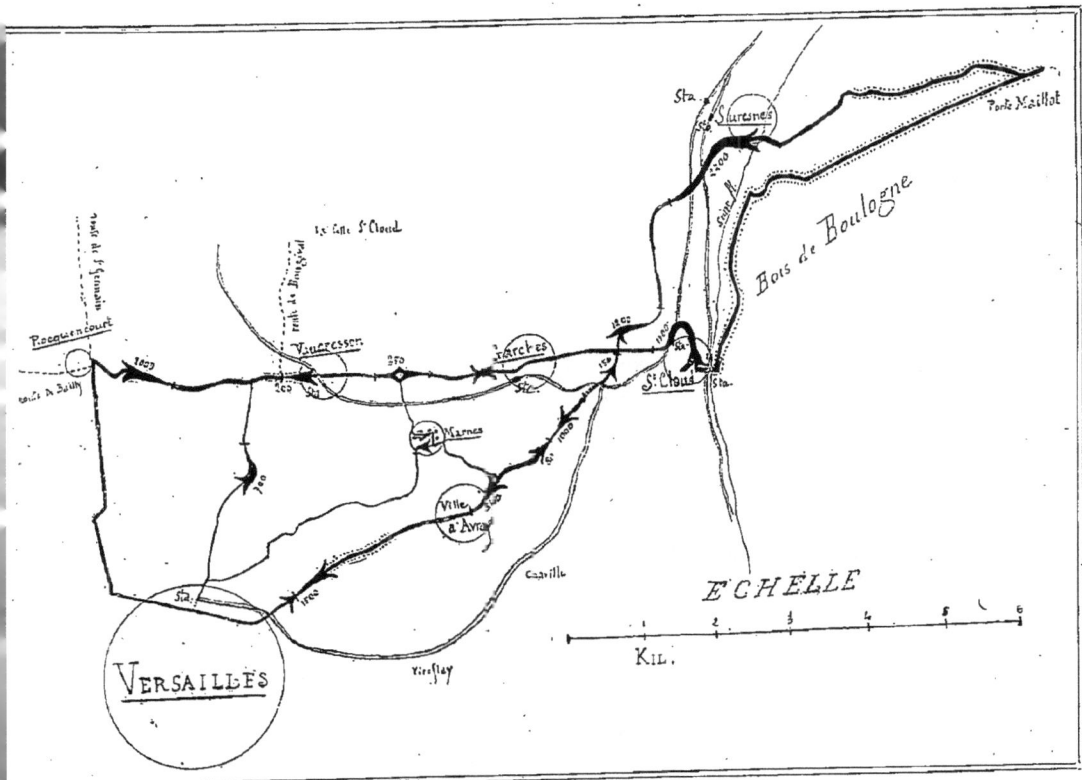

Sta.

Suresnes

Porte Maillot

La Celle S.t Cloud

route de Bougival

Bois de Boulogne

route de S.t Germain

Rocquencourt

1800

1800

Vaucresson

250

Marches

1800

1760

S.t Cloud

Sta.

route de Bailly

800

St.

St.

Seine R.

1700

Garches

Marnes

Ville
d'Avray

300

Chaville

ÉCHÉLLE

0   1   2   3   4   5   6

KIL.

Sta.

1700

VERSAILLES

Viroflay

PLAN DE L'ITINÉRAIRE VI.

sailles, prendre à droite le boulevard de la Reine que l'on suit sur toute sa longueur jusqu'à la porte de Trianon. (Restaurant des *Réservoirs*.) Cette porte franchie, tourner immédiatement à droite par la route qui mène à la porte Saint-Antoine. On traverse alors une des plus jolies parties du célèbre jardin de Trianon. Si l'on s'engageait sur la route perpendiculaire à la porte, on arriverait au château de Trianon. Avant la porte de Trianon, on traverse la rue des Réservoirs qui mène à gauche au palais de Versailles. (Mauvais pavé et petite montée.) De la grille de la grande cour d'honneur, on trouve les différentes portes pour les curiosités du Palais. Si l'on tourne à gauche après la porte de

Église de Saint-Cloud.

Trianon, on arrive après 150 mètres à la grille du bassin de Neptune. (Garage des machines chez le garde.) En suivant la route jusqu'avant la grille du grand Trianon, on arrive au carrefour. Pour faire une excursion dans le parc de Trianon, prendre à la croisée des routes le trottoir de gauche, près de la buvette; 500 mètres plus loin on arrive au Canal. Entrer par la grille de gauche et suivre la route circulaire où l'on jouit d'une vue magnifique sur le palais et la grande pelouse appelée *Tapis vert*. De l'autre côté du canal, suivre la route en prolongement de celle que l'on vient de quitter. Traverser tout le parc et en sortir sur la route de Saint-Cyr que l'on suit jusqu'à la première route à droite. Suivre alors cette dernière par laquelle on peut faire le tour entier du parc et revenir à la porte Saint-Antoine. Le chemin est parfois mauvais, il y a souvent des trottoirs et l'on peut à la rigueur rouler facile-

Ferme, dans le parc de Saint-Cloud.

ment sur les pelouses. Peu après l'axe du Canal, on apercevra la porte de Bailly, au sortir de laquelle on trouverait une route menant à Noisy-le-Roi par la forêt de Marly.

Versailles, le chef-lieu du département de Seine-et-Oise, compte 51,679 habitants. Cité de plaisance plutôt que d'industrie, et long-temps habituée, du reste, a vivre uniquement des dépenses d'une cour somptueuse et prodigue, Versailles n'a que fort peu de commerce, de manufactures, et l'histoire de Versailles, c'est l'histoire de son château. Pendant les deux derniers siècles de la monarchie absolue en France, il n'est aucun événement de quelque importance qui n'ait eu son origine ou un retentissement profond dans cette résidence célèbre. Les origines de Versailles sont assez obscures. On sait cepen-dant que non loin de l'emplacement où fut construit plus tard le château se trouvait le petit prieuré de Saint-Julien, dont les chroniques particulières remontent aux premiers temps de la monarchie capétienne. Un peu au-dessus du prieuré s'élevait un donjon féodal, dont le premier seigneur connu s'appelait *Hugo de Versaliis*, et vivait au XI⁰ siècle. Au commencement du règne de Louis XIII, on apercevait encore près du donjon un moulin à vent de construction ancienne, et dans lequel le roi allait coucher quelquefois quand il ne voulait pas rentrer le soir à Saint-Germain. Plus tard il

Parc de Saint-Cloud. — Le pont du chemin de fer.

fit bâtir à l'ombre de ses ailes un pavillon de chasse, dont on a vu longtemps une partie dans la rue de la Pompe, à l'angle de l'avenue de Saint-Cloud. Le moulin lui-même ne tarda pas à être abattu, et c'est sur ses ruines que furent jetés les fondements du château actuel. Il for-

Le château de Versailles.

mait alors un carré parfait, dont chaque côté regardait de face l'un

des quatre points cardinaux ; les quatre ailes étaient terminées par
des pavillons et entourées d'un large fossé. Sous le même règne, la
résidence seigneuriale, qui dominait les nouvelles constructions, fut

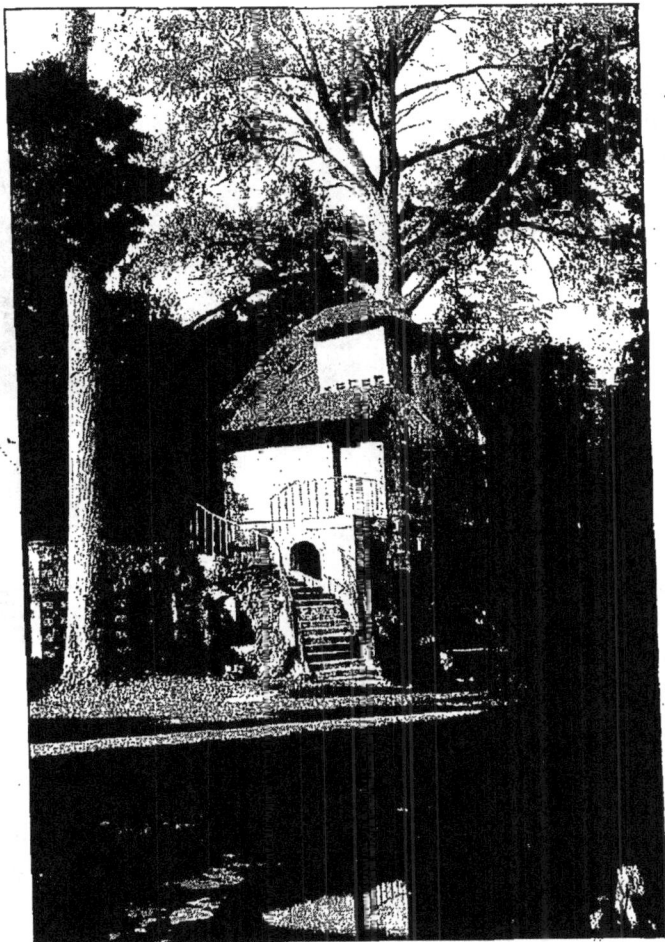

Au parc de Trianon.

achetée à J.-P. de Gondy, oncle du fameux cardinal de Retz, et entièrement rasée. Parmi les événements célèbres dont le château
devint le théâtre à cette époque, nous devons citer surtout la *journée des dupes*, où Richelieu, un instant disgracié, conquit sur
la faiblesse du roi un irrésistible ascendant. Louis XIV consacra

à l'embellissement, ou plutôt à la reconstruction de Versailles, des sommes dont le chiffre est un des principaux griefs de l'histoire contre ce règne, à la fois si grand et si désastreux. Les fêtes nombreuses et féeriques qu'il y donna en l'honneur de chacune de ses maîtresses entraînèrent également des dépenses inouïes. Celle qu'il célébra le mercredi 7 mai 1664 est connue dans les fastes de Versailles sous le nom des *plaisirs de l'île enchantée*. A l'époque dont nous parlons, la chapelle n'existait point encore; en revanche, on admirait à l'angle droit du corps central du palais la célèbre grotte de Thétis, où était représenté Apollon servi par les nymphes. Lorsque Madame de Maintenon eut asservi le roi aux pratiques de sa dévotion austère, la grotte licencieuse disparut, et fit place à la chapelle actuelle, dont Mansard avait dessiné le plan. Le grand Trianon devint, sous la fin du règne de Louis XIV, une

Parc de Trianon. — Pavillon-concert.

dépendance importante du château de Versailles. Louis XIV devait expier par de cruels chagrins les prodigalités dont son palais de Versailles était l'objet. On sait qu'après avoir conduit le deuil de toute sa famille, il eut la douleur, pendant la guerre de la succession, de voir l'ennemi s'approcher à deux journées de Paris. Dans cette extrémité, on proposa au roi d'abandonner Versailles et de se retirer au château de Chambord, sur la Loire. Louis XIV repoussa ce conseil avec une juste indignation, et cette inspiration de courage sauva peut-être la France. Lorsqu'il eut rendu le dernier soupir, la cour quitta Versailles à la suite du régent; mais elle y revint, conduite par Dubois, qui espérait, en éloignant le régent de Paris, le débarrasser d'une partie des roués qui l'entouraient. Le ministre et le maître y moururent tous les deux, dans la même année. Louis XV introduisit de bonne heure des changements caractéristiques dans l'architecture intérieure du palais. Un instant celui-ci faillit être reconstruit en entier, pour être accommodé aux goûts du nouveau maître.

Déjà les plans de Gabriel avaient été agréés et les travaux commencés, quand le défaut d'argent fit tout ajourner. A la mort de Louis XV, le château devint une seconde fois désert. Louis XVI, en entrant à Versailles, demanda à son architecte un plan de restauration, dont il remit l'exécution à l'année 1790. « Cela verra finir le siècle, disait-il » ; mais c'était le siècle qui devait voir finir à jamais l'influence de Versailles. En 1789, Louis XVI, cédant aux impérieuses injonctions de l'opinion publique, convoqua leurs états généraux. Pendant la Révolution, Versailles ne laissa faire aucune dégradation au palais de Louis XIV : on entretint les jardins avec le plus grand soin ; mais les chefs-d'œuvre des arts furent transportés en partie au Louvre, en partie au Luxembourg. Le Directoire entretint le palais de Versailles ; Napoléon y fit des dépenses considérables, mais il ne songea jamais à venir habiter cette résidence royale, où de funestes défiances l'auraient poursuivi, en l'accusant de se séparer du peuple de Paris pour méditer quelque jour de réduire la capitale.

La branche aînée des Bourbons jeta plus d'une fois des regards de regret sur Versailles. Louis XVIII fut un moment tenté d'y replacer le siège du gouvernement ; mais sa politique le lui défendit. Il était réservé au roi Louis-Philippe de transformer le palais de Louis XIV en un musée destiné à réunir toutes les gloires françaises depuis les temps anciens jusqu'à nos jours. La guerre franco-allemande modifia sensiblement la physionomie de Versailles. Occupée le 19 septembre 1870 par le prince royal de Prusse, la ville fut peu après le quartier général du roi Guillaume et la résidence du prince de Bismarck. Le roi de Prusse y fut proclamé empereur d'Allemagne. C'est aussi à Versailles que Bismarck et Jules Favre signèrent, le 28 janvier 1871, l'armistice qui mettait fin à la résistance de Paris et à la guerre. Enfin, le 10 mars de la même année, Versailles devint le siège du gouvernement et de l'Assemblée nationale. De là furent dirigées les opérations militaires contre la Commune de Paris. Le 18 juin 1879, une loi rétablit dans la capitale de la France le siège du pouvoir exécutif et des deux Chambres.

Le palais. — Louis-Philippe pour mettre le château de Versailles en état eut beaucoup à entreprendre et à exécuter. Il fit disparaître toutes les distributions mesquines d'autrefois, tout ce qu'avaient exigé les arrangements domestiques et les besoins toujours croissants des courtisans commensaux du palais. Des salons nouveaux,

Trianon. — La chambre de Napoléon Ier.

immenses, furent construits; les lambris, les plafonds, les peintures, restaurés. La collection que renferme le musée de Versailles comprend cinq divisions : les *tableaux*, les *portraits*, les *bustes* et les *statues*, les *vieux châteaux* et les *marines*.

— **Les Jardins** ne sont pas moins intéressants que le palais par le caractère grandiose que le célèbre dessinateur Le Nôtre leur a donné. Ils renferment une grande quantité de statues et de vases d'après l'antique; mais ce qui contribue le plus à leur beauté, c'est le nombre considérable des bassins et des fontaines qui les peuplent, et qui attirent à Versailles une foule de curieux lorsqu'on y fait jouer les grandes eaux (le premier dimanche de chaque mois de mai à octobre et assez souvent en plus le 3e dimanche en juin, juillet et août). Les journaux et des affiches préviennent le public. (On fait jouer les Eaux de Versailles entre 4 et 5 heures.) A remarquer la fontaine de Diane et celle du Point-du-Jour près des escaliers qui descendent à la partie inférieure des jardins, devant le parterre d'eau, le grand bassin de Latone, au bout de la pelouse dite Tapis vert, le bassin d'Apollon, à gauche du Tapis vert, le bassin d'Encelade, puis l'Obélisque, le bassin du Dragon, de Neptune, le bosquet de l'Arc de Triomphe, la pièce des Suisses, etc.

— **Les Trianons** au nombre de deux, sont situés dans l'enceinte même du parc de Versailles, dont ils forment en quelque sorte une dépendance. Les deux ailes du grand Trianon, terminées par deux pavillons, sont unies au bâtiment principal par un péristyle composé de vingt-deux colonnes d'ordre ionique ; quatorze d'entre elles sont en marbre rouge ; huit sont formées de marbre vert. Cette variété de couleur donne au monument une physionomie riche et somptueuse que le ton de la pierre ordinaire n'a jamais, et qui rappelle les constructions de Rome et d'Athènes. Dans son aspect extérieur, Trianon tient à la fois du temple et de la villa. L'édifice n'a qu'un rez-de-chaussée, à la manière antique. Louis XV consacra cette demeure au plaisir. Marie-Antoinette devait devenir pour Trianon une divinité protectrice et lui rendre une splendeur et une animation qu'il avait perdues par la mort de ce roi. En 1778, la reine désira posséder Trianon. Louis XVI lui en fit don, mais la reine n'accepta que le petit Trianon.

Le palais dont Marie-Antoinette prenait ainsi possession est à l'une des extrémités du parc du grand Trianon ; il consiste en un pavillon carré, d'environ 24 mètres sur chaque face. Il est composé d'un rez-de-chaussée et de deux étages ; les décorations en sont d'ordre corinthien ; les colonnes et les pilastres sont cannelés dans toute leur hauteur ; une balustrade le couronne.

Les jardins forment un contraste frappant avec tout ce que l'on rencontre à Versailles ; ils sont dans le style anglais. On y trouve de belles eaux, une île au milieu de laquelle s'élève le temple de l'Amour, un belvédère de forme octogone, élevé au-dessus d'une pièce d'eau vaste et irrégulière, des bosquets les plus frais du monde, un hameau, une grotte dont le caractère imprévu et sauvage frappe au milieu de la pompe régulière des lieux qui l'environnent. La reine adopta cet asile, où elle fit exécuter des embellissements dispendieux. Elle l'appelait sa *petite maison*. C'est là que se réunissait sa société intime. Elle a établi dans les jardins cinq ou six ménages de cultivateurs et de bergers véritables, qui y habitèrent jusqu'à sa mort.

Napoléon aima peu Trianon ; selon lui, le petit château n'était qu'un sot colifichet ; le grand château était à ses yeux digne tout au plus de servir de logement au concierge du palais de Versailles. Cependant, il habita plusieurs fois cette résidence dans laquelle il trouvait un

Croisée de routes entre Rocquencourt et Vaucresson.

peu de calme et de repos, et pour laquelle les deux impératrices ont successivement eu un sentiment de prédilection.

On quitte Versailles en prenant la porte Saint-Antoine et en suivant la route qui mène directement à **Rocquencourt** (1,300 mètres). — A Rocquencourt, premier village que l'on rencontre, prendre à droite et suivre les murs d'une propriété qui est celle de Mme Furtado-Heine. Suivre à gauche la route qui remonte et la continuer ainsi tout droit. — En haut de la côte, à la sortie de Rocquencourt, regarder le point de vue que l'on découvre à gauche à la croisée de la route de Bougival. Continuer tout droit et arrivé en haut de la côte de **Vaucresson**, ralentir, car la descente est forte et très souvent on est arrêté en bas par la grille du passage à niveau. (Chemin de fer de grande ceinture. Station.) Traverser Vaucresson (Restaurant Bicheret où il y a des tonnelles), puis continuer tout droit la route qui est assez vallonnée. On laisse à gauche l'hospice Brézin, destiné aux anciens ouvriers du marteau, à droite le champ de courses de la Marche et l'on atteint les premières maisons de **Garches.** — A l'entrée du village, dans le bas du vallon, on trouve à droite la grille du parc public de Garches, où l'on voit un joli étang. — En quittant Garches, la route n'est plus ombragée. On arrive bientôt à la croisée de la route de Saint-Cloud et l'on prend à gauche celle qui remonte la côte de **Suresnes**, en laissant derrière soi le passage à niveau du chemin de fer que l'on a traversé en venant. La côte monte environ pendant 2 kilomètres; à son point culminant, on aperçoit à droite le panorama de Paris. Presque aussitôt la grande descente de Suresnes commence. La partie la plus inclinée est celle qui se trouve entre les deux lignes de chemin de fer sous lesquelles on passe sans difficulté. Arrivé au bas (nombreux restaurants), passer le pont qui se trouve juste en face et tourner à gauche aussitôt après avoir traversé la grille du bois de Boulogne. A droite, le Restaurant du *Châlet du Cycle*. On revient alors à la Porte Maillot par la même route qu'en venant. — On peut allonger un peu le retour en tournant à gauche aussitôt après le restaurant de Madrid et en prenant une petite contre-allée circulaire, la meilleure du Bois et qui ramène à la Porte Maillot après avoir contourné le Jardin d'Acclimatation. L'excursion entière peut se faire sans avoir plus de 200 mètres de pavé en tout et en plusieurs fractions.

Garches.

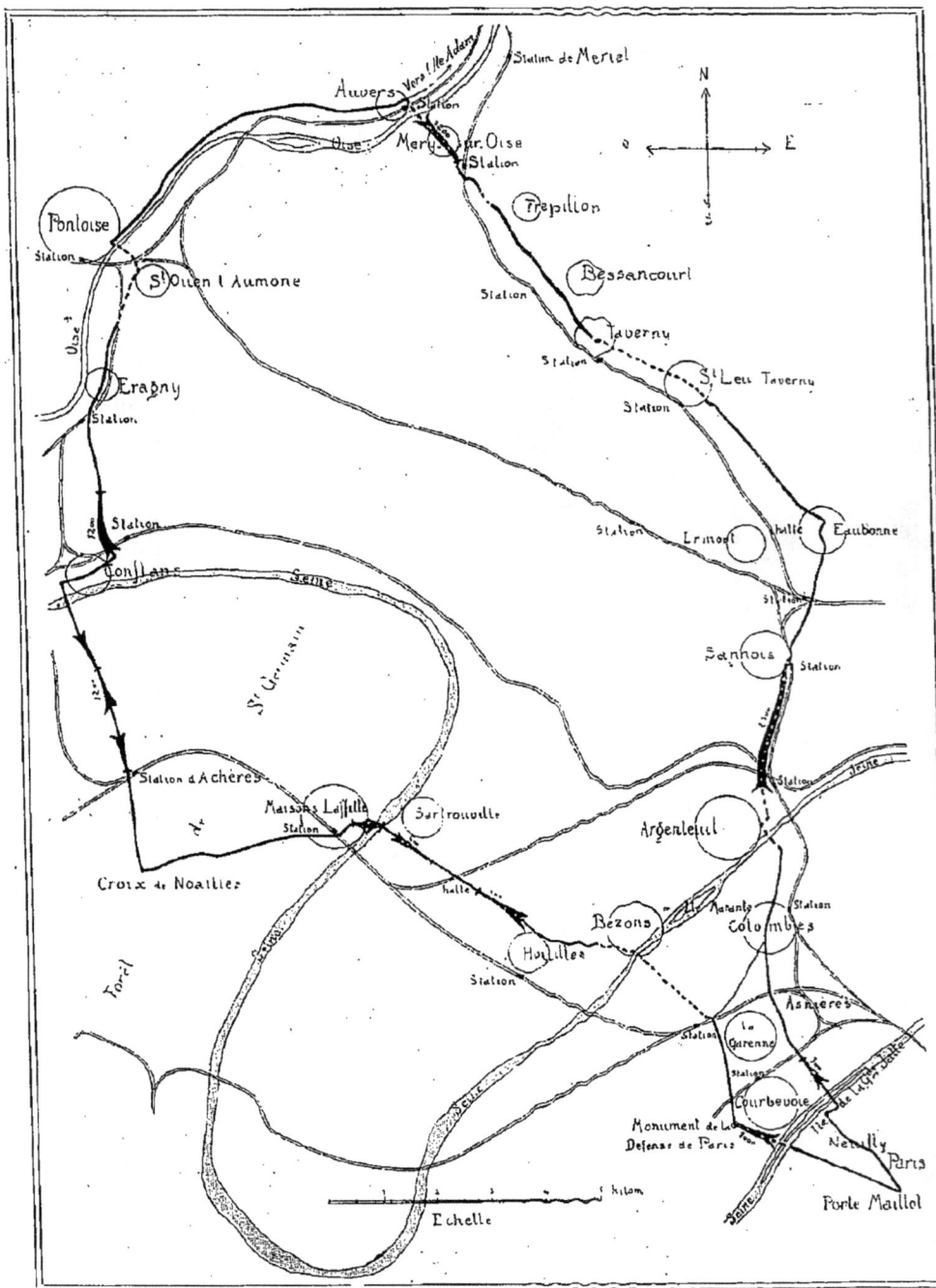

PLAN DE L'ITINÉRAIRE VII.

La Seine, vue du pont d'Argenteuil.

ITINÉRAIRE VII

Parcours : 62 kilomètres.

PORTE MAILLOT, COURBEVOIE, COLOMBES, ARGENTEUIL, SANNOIS, EAU-
BONNE, SAINT-LEU-TAVERNY, TAVERNY, MÉRY, AUVERS-SUR-OISE,
PONTOISE, SAINT-OUEN-L'AUMÔNE, CONFLANS-SAINTE-HONORINE, MAI-
SONS-LAFFITTE, SARTROUVILLE, HOUILLES, BEZONS, COURBEVOIE,
PORTE MAILLOT.

De la **Porte Maillot**, prendre à droite la rue de Chartres, puis
successivement l'avenue du Roule, le rond-point Inkermann, le
boulevard Inkermann, la rue Borghèse et le boulevard Bourdon sur
le quai de la Seine. Prendre le quai à droite et traverser de suite à
gauche l'île de la Grande-Jatte pour arriver à **Courbevoie** (Pavé
250 mètres). Monter la côte tout droit jusqu'au moulin des Bruyères.
A ce moment, prendre à la fourche la route de droite qui mène directement à **Colombes** (700 mètres de pavé environ). La route rejoint
au bout de 1,600 mètres le pavé des premières maisons d'Argenteuil
à partir du restaurant *le Drapeau*. Au croisement de la route d'As-
nières, on peut rouler sur les bas-côtés, à gauche de préférence. —
Traverser le pont **d'Argenteuil** (Pavé). (Hôtel du *Chalet rustique*.
— Mécanicien : Christophe.) Cette ville posséda une abbaye fondée,
dit-on, au VIIᵉ siècle, et qui demeura longtemps célèbre par le séjour
qu'y fit Héloïse. L'église d'Argenteuil prétend posséder la tunique de

Jésus-Christ, ce qui donne lieu chaque année à des pèlerinages, voire

Route de Saint-Leu-Taverny.

à des controverses au sujet de son identité. — Vignobles célèbres à Paris, pour l'acidité du vin qu'ils produisent. Asperges et primeurs. — Tourner à droite, passer devant la mairie et prendre à gauche la rue Nationale que l'on suit tout au long. Cette rue monte sensiblement, mais par moments on peut prendre sur un trottoir macadamisé, pour éviter le pavé. — Arrivée à **Sannois** (Restaurant *du Rond-Point*. — Mécanicien : Lebon). Prendre à

Auvers-sur-Oise.

droite devant la station du chemin de fer, et aussitôt la ligne traversée, suivre directement la route à gauche qui mène à **Eaubonne**.

Bords de l'Oise.

(Restaurant *de l'Espérance*. — Mécanicien : Bourgeois). — Prendre dans Eaubonne la deuxième route à gauche qui, faisant un raccourci, rejoint la route d'Enghien à Taverny. Suivre sur sa gauche cette route qui est excellente jusqu'aux premières maisons de **Saint-Leu-Taverny**. (Restaurant de *la Croix-Blanche*. — Mécanicien : Amette.) — Ancien château servant de mairie. Dans l'église, qui est moderne, est un monument en marbre signé de Petitot. Il représente la statue en pied de Louis Bonaparte, roi de Hollande, père de Napoléon III, entre deux figures symbolisant la Foi et la Charité. Trois médaillons ornent le socle

Route de Pontoise à Auvers-sur-Oise.

du piédestal; deux d'entre eux représentent les deux fils du roi de

Pontoise.

Hollande; le troisième reproduit les traits de Charles Bonaparte, père de Napoléon Ier. Les restes de ces quatre personnages ont été déposés dans des sarcophages en pierre rangés dans la crypte de l'église. — A ce moment, le pavé commence, mauvais mais praticable, et l'on suit directement la rue qui mène à **Taverny**. (Restaurant de la *Fontaine*. — Mécanicien : Manet.) — L'Église de Taverny est un édifice fort intéressant des XIII[c] et XV[e] siècles. A

L'Oise, près Pontoise.

remarquer son retable en pierre, de la Renaissance, et son portail sud dont l'extérieur est orné de sculptures en pierre et l'intérieur de sculptures en bois. — Traverser la ville et rejoindre le macadam qui conduit par une route très belle jusqu'au passage à niveau de **Méry-sur-Oise**. (Vue splendide.) Un peu avant commence une descente longue et rapide qui traverse Méry-sur-Oise dans toute sa longueur. (Trottoir de gauche médiocre, pour éviter le pavé.) Franchir le pont sur l'Oise, de l'autre côté duquel se trouve **Auvers-sur-Oise**.

(Restaurant Thiébaut). (Curieuse église des XII⁰ et XIII⁰ siècles.) — Prendre à gauche et suivre la route charmante qui mène sans accident de terrain jusqu'à **Pontoise** (7.200 habitants) (Restaurant du *Soleil-d'Or*, hôtel du *Grand-Cerf*. A visiter : l'église Saint-Maclou, l'hôtel de ville, Notre-Dame. Ville construite en amphithéâtre. Vieux pont du XVI⁰ siècle sur l'Oise.) L'église de Saint-Maclou, des XII⁰, XV⁰ et XVI⁰ siècles, contient de remarquables statues en pierre, des vitraux du XVI⁰, des pierres

Vieille tour, à Saint-Ouen-l'Aumône.

tombales, une Descente de Croix, par Jouvenet. — Pontoise, qui existait déjà du temps des Romains, fut la capitale du Vexin. Elle joua, comme telle, un rôle important dans l'histoire de la France. Elle fut prise en 1419 et 1437 par les Anglais dont Charles VII la délivra en 1441. Les États généraux s'y réunirent et le Parlement de Paris y fut transféré à trois reprises. Il ne reste de ses fortifications que les murs de l'ancien château sur le coteau qui domine l'Oise. — Dès les premières maisons de Pontoise, le pavé commence. Traverser le premier pont à gauche. Passer à travers le village de **Saint-Ouen-l'Aumône** (Pavé 800 mètres. — Vieille église du XI⁰ siècle, curieuse vierge en bois s'ouvrant pour montrer àl'intérieur un triptyque. Parc et château intéressants.) — Prendre à .

Route d'Éragny à Conflans-Sainte-Honorine.

droite la première route qui conduit à Éragny, en traversant le chemin de fer. Après la station d'Éragny, franchir la voie à nouveau et traverser en ligne directe le plateau d'où l'on découvre par instants sur la droite une vue magnifique sur la vallée de l'Oise. Peu avant le pont du chemin de fer, à la station de **Conflans-Sainte-Honorine**, se méfier de la descente, assez rapide, au bout de laquelle on prend la rue de droite qui conduit directement aux berges de la Seine (Restaurant Jollivet et *Au Rendez-vous des longs*

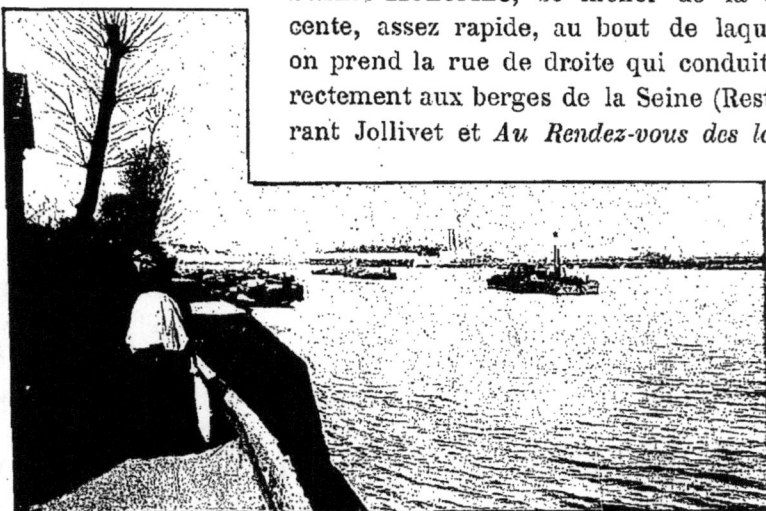

La Seine, à Conflans Sainte-Honorine.

jours. — Mécanicien : Gustin). Église des XIIIe et XVIe siècles.

Prendre le pont à gauche, au bout duquel on entre dans la forêt de Saint-Germain. Descente facile de 1.200 mètres après la Croix du Maine, et on arrive à la station d'Achères. (Restaurant de la Station.) — Avant le passage à niveau, tourner à gauche par un petit chemin forestier que l'on suit en tenant sa droite et qui mène à **Maisons-Laffitte**. Château du XVIIᵉ siècle, construit par Mansard, pour René de Longueil, président au parlement de Paris. Le domaine de Maisons

Confluent de la Seine et de l'Oise.

fut acquis en 1818 par le banquier Laffitte, qui créa alentour un véritable village portant le nom de son fondateur. Parc magnifique attenant à la forêt. Champ de courses, vue fort jolie sur un des méandres de la Seine. (Restaurant du *Soleil d'or*. — Mécaniciens : Bernadat, Descaves.) — Laissant le parc à gauche, continuer la route (descente rapide) jusqu'au pont de **Maisons-Laffitte**, sur la Seine. On traverse **Sartrouville**, et après une montée facile, qui commence au passage à niveau, on arrive à **Houilles**. (Restaurant du *Lion d'or*. — Mécanicien : Montoriol.) — Au bout de ce village, continuer en biaisant un peu à gauche pour arriver au pavé de **Bezons**. (Restaurant de la *Poule d'or*.) Église du XVᵉ siècle. — Traverser Bezons, passer le pont et rouler sur le bas-côté droit, de préférence, jusqu'au passage à niveau. Ce dernier franchi, prendre à 50 mètres au delà et à gauche, la route macadamisée qui ramène aux Moulins-des-Bruyères. A partir de ce moment, même route qu'en venant. Les parties un peu dures de ce trajet sont la route d'Argenteuil à Sannois et la traversée de Saint-Leu et de Taverny, toutes deux pavées et accidentées. Mais le véloceman est récompensé de ses peines par les nombreux points de vue qu'il rencontre sur les environs et les vallées de la Seine et de l'Oise. Nous recommanderons tout particulièrement le trajet de Pontoise à Auvers ou inversement le matin de bonne heure. L'aspect de cette vallée est, en effet, très différent l'après-midi. Le sens général de cette promenade est donné de façon à ce que, partant de Paris le matin avec le soleil derrière soi, on l'a de nouveau dans la même position au moment du retour. — A Auvers, au lieu de tourner de suite à gauche en se dirigeant vers Pontoise, on peut allonger la promenade en faisant un très joli crochet aller et retour jusqu'à l'Isle-Adam, par Valmondois.

Valmondois.

Montfort-l'Amaury. — Vue prise des jardins.

ITINÉRAIRE VIII

Parcours : 55 kilomètres.

Versailles, Noisy-le-Roi, Saint-Nom-la-Bretèche, Villepreux, Neauphle-le-Château, Pontchartrain, Basoches, Montfort-l'Amaury, Les Gatines, Bois-d'Arcy, Saint-Cyr-l'École, Versailles.

(Voir pour le tarif du voyage de Paris à Versailles l'Itinéraire IX, page 75).

Si l'on est arrivé à Versailles par la gare de la Rive droite, la porte une fois franchie, tourner à gauche par la rue Duplessis, jusqu'au bout. Prendre, à droite, l'avenue de Saint-Cloud, traverser en biais la place d'Armes. Suivre à gauche du Château, la rue de la Bibliothèque jusqu'en bas. Franchir à droite la grille, et l'on se trouve sur l'Allée de Noisy. — De la gare Rive gauche de Versailles, tourner à gauche jusqu'à l'avenue de Sceaux que l'on prend à droite jusqu'à la place d'Armes. Ensuite, même itinéraire que ci-dessus. — Le long de l'allée pavée de Noisy, rouler à droite sur le sentier entre des bandes de gazon. On arrive ainsi à la porte en bois qui termine le parc. Suivre un chemin assez médiocre (300 mètres) qu'on laisse monter au chemin de fer, pour prendre à droite une route qui, après la porte de Maintenon, s'élève en côte assez dure à travers la forêt de Marly. Au poteau du *Touring-Club*, prendre à gauche, tenir ensuite sa droite, puis tourner à gauche en pente rassurante sur **Noisy-le-Roi** où l'on accède par une petite porte. Tourner à droite par la rue pavée de la Forêt (café Restaurant Chantery). Descendre, toujours

Noisy-le-Roi.

à droite, le village
bas-côté à gauche
un passage à ni-
de peu de
village de
Nom - la -
(Restaurant
Monter en
Saint - Nom
toir , puis
médiatement à
route de **Ville**
précédé d'une belle
château. Église du

en prenant le large
du pavé. Plus loin,
veau, une côte
durée et le
**Saint-
Bretèche.**
Girard.)
arrivant à
le petit trot-
tourner im-
gauche sur la
preux, village
descente. (Ancien
XIIIe siècle. — Res-

taurant Bon-Berly. Traverser le village jusqu'à la première ruelle
à droite (pavé), s'y engager et suivre la belle route jusqu'à un
passage à niveau, laissant à gauche un chemin d'où l'on aperçoit

Un lavoir à Villepreux.

le talus du chemin de fer. Continuer à droite, le long de la voie, la

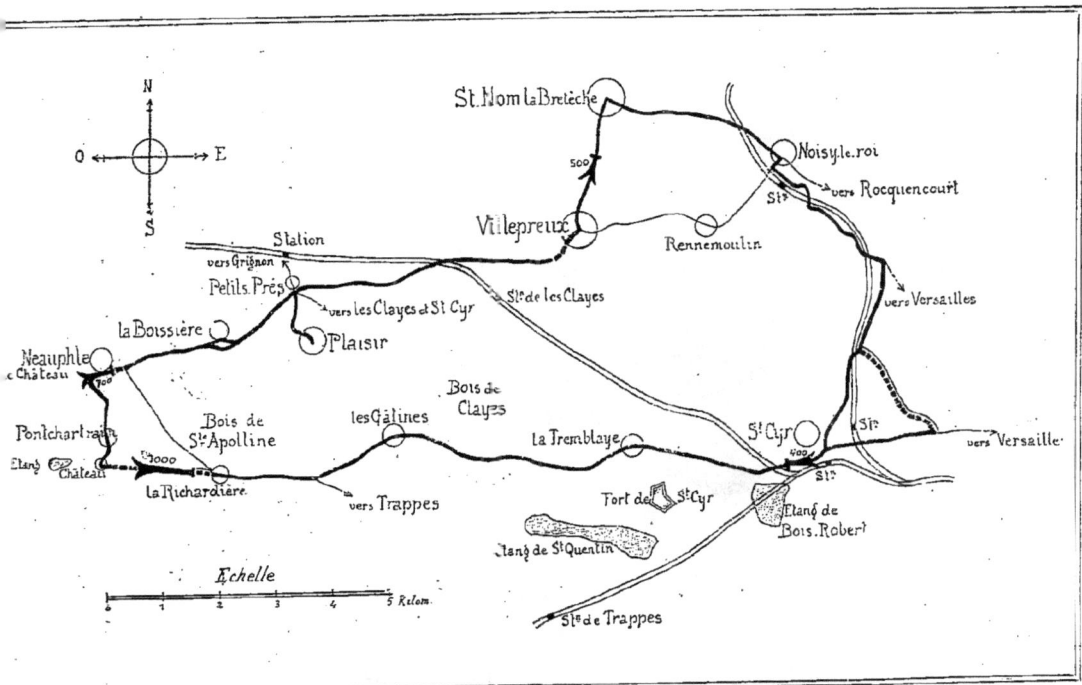

St. Nom la Bretèche

Noisy.le.roi
vers Rocquencourt
St.

500

Villepreux

Rennemoulin

Station
vers Grignon

Petits.Prés
vers les Clayes et St Cyr
Ste de les Clayes
vers Versailles

la Boissière
Plaisir

Neauphle
e Château
700

Bois de
Clayes

Pontchartrain
Bois de
St Apolline
les Galines
la Tremblaye
St Cyr
St.
400
St.
vers Versaille

Étang Château
2000
la Richardière
vers Trappes
Fort de St Cyr
Étang de
Bois.Robert

Étang de St Quentin

N
O ← → E
S

Échelle
0   1   2   3   4   5 Kilom.

Ste de Trappes

PLAN DE L'ITINÉRAIRE VIII.

route qui descend jusqu'au hameau du Petit-Pré, pour remonter en côte assez dure jusqu'à **Neauphle-le-Château** en traversant les Maisons des Bois, d'où l'on a une vue agréable sur le village au nom engageant de Plaisir et sur la vallée du Rû Maldroit. — Les hauteurs de Neauphle furent le siège d'une action assez vive pen-

Montfort-l'Amaury.

dant la guerre franco-allemande, comme en témoigne un monument élevé « aux combattants de 1871 » sur la première place du village. L'église de Neauphle est en partie romane. Restes d'un ancien château. Depuis la terrasse de la mairie, le panorama est immense. (Hôtel-Restaurant de l'*Étoile*. — Mécanicien : Troute.) A la hauteur de la place plantée d'arbres qui abritent l'obélisque, quitter le pavé pour prendre à gauche une route qui, au bout de 2 kilomètres, longe le bois de Sainte-Apolline et aboutit au rond-point de la route nationale de Brest à Paris.

— Arrivé au carrefour, virer fortement à droite et entreprendre avec précaution sur le bas-côté droit la longue descente (2 kilomètres) d'où l'on aperçoit bientôt la grille et le château de **Pontchartrain**, construit sur les plans de Mansard pour Louis Phélippeaux, comte de Pontchartrain, intendant des finances, chancelier de Louis XIV,

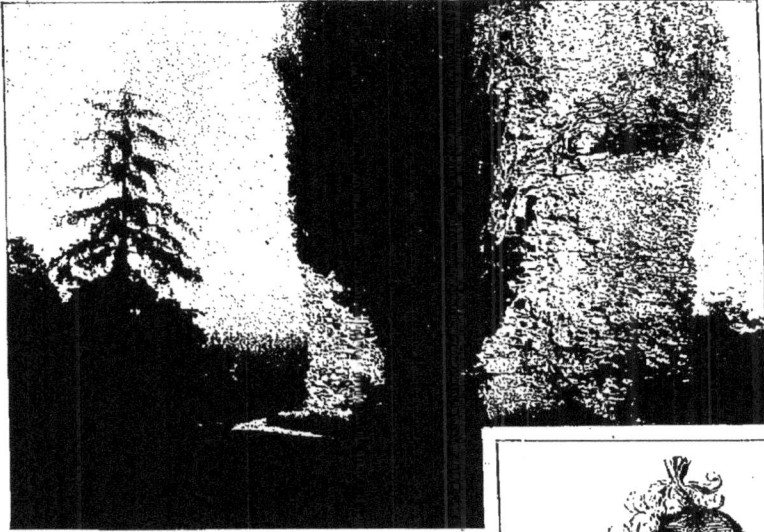

Ruines du Château-fort de
Montfort-l'Amaury.

et qui fut lié avec les hommes de lettres les plus distingués de son temps. Un beau parc entoure ce château qui appartient aujourd'hui à la famille Dreyfus. — Suivre la route dans le sens de la grille du château, et après un petit pont, tourner à droite, laissant à gauche la route qui monte à Jouars. Après avoir dépassé la ferme d'Ite (un petit

Simon de Montfort (1150-1218).
D'après une ancienne gravure.

pont pavé la précède), appuyer à gauche et s'élever jusqu'à **Bazoches** dont l'église est en partie de style roman (tour et portail). Une descente rapide, puis une côte précèdent le pavé de **Montfort-l'Amaury**, chef-lieu de canton du plus haut intérêt pour l'importance de ses monuments historiques. — Monter par la rue de Versailles et tourner à gauche dans la rue de Paris. (Confier sa machine à l'hôtel des *Voyageurs*. — Mécanicien : Prévost). Dans le haut de la ville, dominant une sorte de jardin en labyrinthe, sont les ruines de l'ancienne forteresse ayant appartenu jadis aux comtes de Montfort, terribles bretteurs, seigneurs fameux par leurs cruautés, et qui, la plupart, périrent de mort violente. Des pans de murs (Xe siècle) où le lierre s'agrippe, une tourelle de construction plus récente avec une charmante porte au cintre gothique, un peu plus loin, l'arche d'une porte dite porte Bardou, sont tout ce qui nous reste de l'ancien domaine. De ces hauteurs, la vue s'étend fort loin sur la vallée de la Mauldre. (On peut encore s'élever plus haut en montant au faîte de la tourelle du château. Demander la clef à la mairie.) L'église de Montfort, qui remonte au XIIe siècle, a été presque entièrement renouvelée au XVIe. Ses vitraux et ses sculptures sont particulièrement remarquables. Non moins intéressant est le cimetière, avec son portail du

Montfort-l'Amaury. — Façade de l'Église.

Route Paris-Brest, Bois de Sainte-Apolline.

XVe siècle et sa forme rectangulaire de cloître, abritant les tombes

ainsi que les *campi-santi* italiens. Il inspira Cicéri dans son décor
du 3e acte de *Robert-le-Diable* — Le retour à Versailles s'accom-
plit sur la même route jusqu'au carrefour de la route Paris-Brest que
l'on continue jusqu'après la sortie du bois de Sainte-Apolline, où l'on
prend le trottoir (200 mètres). Le macadam reprend ; on l'abandonne
pour celui qui mène au hameau des Gatines, traversant **Bois-d'Arcy**,
et continuant tout droit jusqu'au pont sur le chemin de fer et les premières maisons de **Saint-Cyr-l'École**. — Traversée en pente assez
raide dans le village. A gauche, l'École construite par Mansard pour
l'Institut de Saint-Louis, pensionnat de jeunes filles. Cette école fut
transformée en caserne pendant la Révolution. En 1806, Napoléon
ordonna de transférer à Saint-Cyr, l'école militaire qu'il avait fondée
à Fontainebleau en 1802, et dès lors la destination de la maison n'a
plus changé. La chapelle contient le tombeau de Mme de Maintenon,
fondatrice de l'établissement, et plusieurs tableaux importants de
l'École française. A l'École, statues de Kléber et de Marceau, par
Clésinger. (Hôtel du *Soleil d'or*. — Mécanicien : Riquet.) — Traversée
de la porte de Saint-Cyr, du pont de la ligne de Grande Ceinture et
parcours de la grandiose route de Saint-Cyr, plantée d'arbres séculaires et qui longe le parc du Château. Rouler pendant 400 mètres
sur le trottoir droit où passe le tramway. — Entrée dans **Versailles**
par la grille de l'Orangerie. A gauche, la rue Gambetta, puis la rue
pavée de la Chancellerie qui mène au Château.

Entre Bois-d'Arcy et Saint-Cyr-l'École.

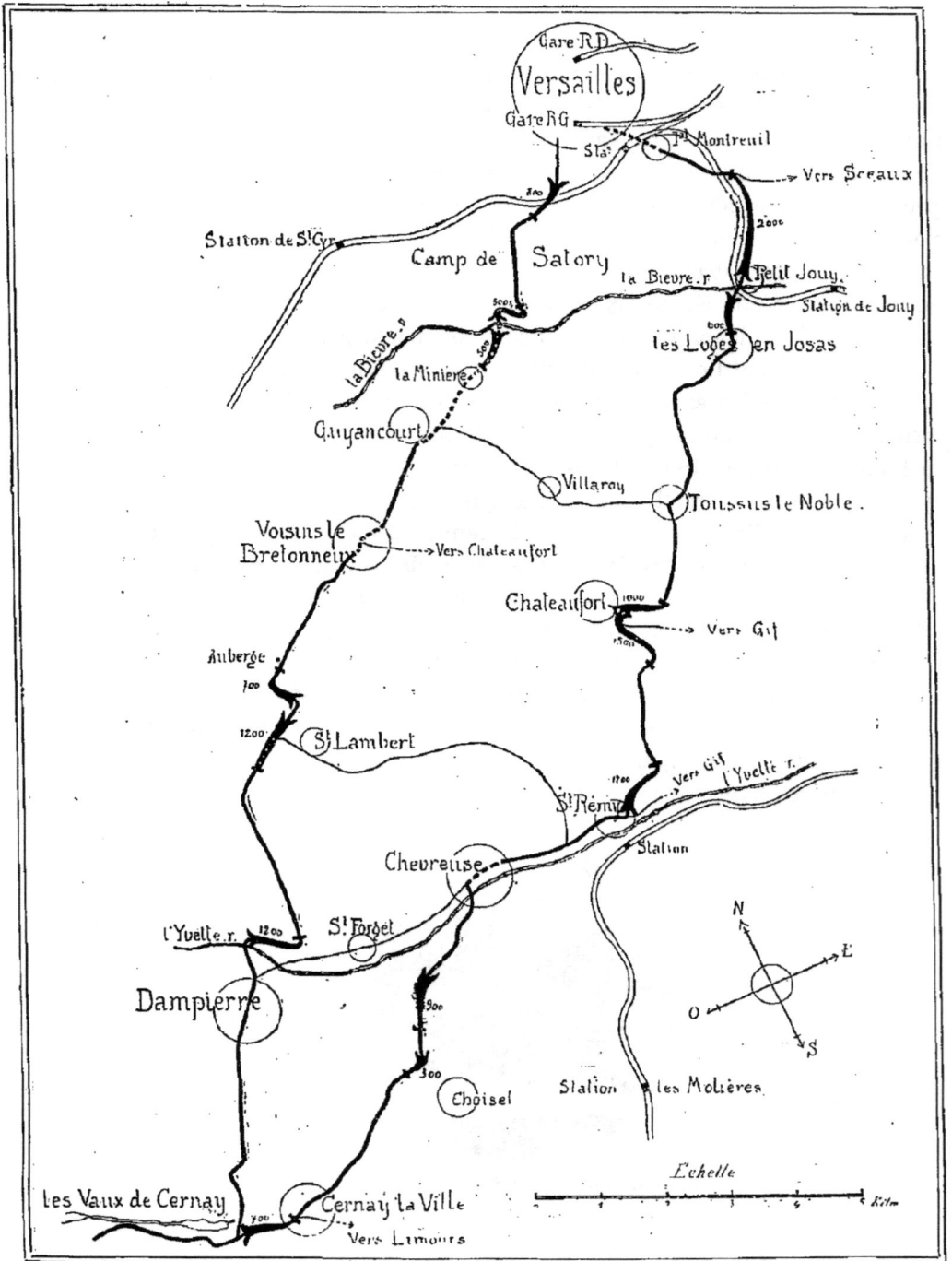

Gare RD

Versailles

Gare RG

Sta. P. Montreuil

Vers Sceaux

Station de S.t Cyr

Camp de Satory

la Bievre. r

Petit Jouy

la Bievre. r

Station de Jouy

la Miniere

les Loges en Josas

Guyancourt

Villaroy

Toussus le Noble.

Voisins le Bretonneux

Vers Chateaufort

Chateaufort

Vers Gif

Auberge

St Lambert

St Remy

Vers Gif

l'Yvette. r

Station

Chevreuse

l'Yvette. r

St Forget

Dampierre

Choisel

Station

les Molières

N

E

O

S

Echelle

Kilm

les Vaux de Cernay

Cernay la Ville

Vers Limours

PLAN DE L'ITINÉRAIRE IX.

Ancien couvent de Marie Leczinska. — Lycée de Versailles.

ITINÉRAIRE IX

Parcours : 59 kilomètres.

Versailles, La Minière, Guyancourt, Voisins-le-Bretonneux, Port-Royal-des-Champs, Dampierre, Les Vaux-de-Cernay, Cernay-la-Ville, Choisel, Chevreuse, Saint-Rémy-les-Chevreuse, Chateau-fort, Toussus-le-Noble, Jouy-en-Josas, Versailles.

Le prix du chemin de fer de Paris Saint-Lazare à Versailles est de 1f,50 en 1re classe et de 1f,15 en seconde. (Départs au moins toutes les heures et trains supplémentaires les dimanches et jours de fête. Se placer à gauche pour jouir de la vue.) — De Paris-Montparnasse, le prix est de 1f,35 en 1re classe et de 0f,90 en seconde. (Départs aussi fréquents que par la rive droite. Se placer à droite pour jouir de la vue.) — On ne peut prendre le tramway Louvre-Versailles, qui n'a point de fourgon pour les vélocipèdes. (Voir sur Versailles l'Itinéraire VI pages 47 et suiv.). De la Place d'armes de **Versailles**, prendre à droite l'avenue de Sceaux, puis presque aussitôt la rue Satory, à droite que l'on suit sur toute sa longueur (150 mètres de pavé). Deux cents mètres après la rue de l'Orangerie commence la côte de Satory qui mène au camp militaire de ce nom (400 mètres). Après la grille de l'octroi, tourner à droite et monter la côte qui mène au plateau (1.200 mètres). Arrivé en haut, continuer tout droit la route pratiquée sur le plateau entre les deux terrains de manœuvre, les baraquements et le champ de tir. De l'autre côté du plateau, la route tournant un peu sur la gauche, aborde le lacet qui descend assez rapidement vers le hameau de **la Minière**. Le camp de Satory, fort important après la guerre franco-allemande, contenait jadis 12.000 hommes en permanence. Son importance a beaucoup diminué depuis, mais il sert encore aux manœuvres d'artillerie et de fortification. A l'époque des tirs, des factionnaires et des signaux indiquent les zones dangereuses. — Se

Voisins-le-Bretonneux.

méfier des tournants de la côte de la Minière. En bas de la côte, le vallon assez pittoresque et très humide en hiver, remonte aussitôt et il faut gravir une côte assez dure de 1.100 mètres environ, très mal pavée (4 kilomètres de pavé avec de temps à autre des trottoirs assez mauvais). On traverse ainsi la plaine assez nue qui nous sépare du village de **Guyancourt**. (Église du XIIe siècle.) A la sortie de ce dernier village, le macadam recommence, on traverse **Voisins-le-Bretonneux** (parcours 400 mètres). (Restaurant du *Raisin de Bourgogne*.) — A la sortie, petite descente suivie d'un raidillon, et 3 kilomètres plus loin, très belle descente assez rapide mais en lacet, qui descend jusqu'à la vallée où s'élèvent encore les ruines de la célèbre abbaye de **Port-Royal-des-Champs**. Le cycliste qui voudrait visiter l'abbaye prendrait un raccourci en suivant au haut de la côte, à côté de la maison isolée, un petit sentier qui descend très rapidement à la ferme qui renferme actuellement les ruines. Demander la maison du gardien, qui fait visiter moyennant une rétribution facultative de 50 centimes. On sait que Port-Royal était le nom de deux abbayes de religieuses de Citeaux, et situées, l'une à Paris, au faubourg Saint-Jacques, l'autre près de Chevreuse. Lorsqu'il n'y eut plus de monastère dans cette dernière résidence (Port-Royal-des-Champs), quelques hommes distingués s'y retirèrent, entre autres Arnauld, dit le grand Arnauld, Arnauld d'Andilly, Le Maistre de Sacy, Nicole, Pascal, etc. La plupart se consacrèrent à l'instruction de jeunes gens d'élite, parmi lesquels fut le poète Jean Racine. Lors de la querelle du jansénisme, Port-Royal fut accusé d'être un foyer d'hérésie, et l'on en chassa les docteurs qui l'habitaient. La place qu'occupait jadis le domaine de Port-Royal est aujourd'hui consacrée à la culture.

Dampierre et son Château.

De toutes ses dépendances, il n'existe qu'un colombier et les débris d'une vieille tour avec ses meurtrières que recouvre le lierre. L'église du couvent était bâtie sur un tertre où s'élève maintenant une chapelle-musée, construite par une main pieuse. — En bas de la vallée de Port-Royal, près de l'auberge, commence le pavé (800 mètres) avec une côte dure que l'on peut franchir en utilisant le trottoir de gauche. On entre alors dans les bois de Saint-Lambert-les-Chevreuse. Contemplez, à ce moment, en se retournant, l'aspect pittoresque de ce vallon sauvage entouré de bois de tous côtés et qui justifie si bien de la part des « Solitaires de Port-Royal » l'idée d'en avoir fait leur terre d'élection. — A partir du haut de la côte, la route, en pente insensible, croise, quelques kilomètres plus loin, la route de Chevreuse, marquée par une auberge, et atteint le sommet de la grande descente de Dampierre (poteau indicateur du *Touring-Club*). Cette descente, très sinueuse et très rapide, est souvent encaissée entre deux talus. Cependant malgré l'ombrage très

Les Vaux-de-Cernay.

touffu des arbres qui la bordent, on peut découvrir de magnifiques échappées sur la vallée de Chevreuse, une des plus ravissantes des environs de Paris. — Arrivé aux premières maisons de Dampierre et à la croisée de la route de Chevreuse, tourner à droite et prendre la rue qui mène directement au château. Le village de **Dampierre** (hôtel *Saint-Pierre*) est fameux par son château qui appartient aujourd'hui à la famille de Luynes. Ce magnifique édifice, qui date du dix-septième siècle, a été construit par Mansard pour le cardinal de Lorraine. Il contient de magnifiques collections artistiques, parmi lesquelles la célèbre Minerve en or, ivoire et argent, reproduction de la Minerve du Parthénon, une statue en argent de Louis XIII enfant

par de Bride. (Pour visiter le château de 1 heure à 5 heures demander
une autorisation par écrit à la duchesse de Luynes.) — A visiter également l'église qui possède des tombeaux de la famille de Luynes, des
vitraux curieux et un banc-d'œuvre remarquable du dix-huitième siècle. — A la sortie de Dampierre, le chemin légèrement valonné suit

Porte de Cernay-la-Ville.

tout droit jusqu'à la croisée de la route de Senlisse, hameau pittoresquement construit sur les flancs de la colline à gauche. Laisser cette
route et continuer tout droit, traverser le hameau de Garnes et l'on
se trouve bientôt à la vallée des **Vaux-de-Cernay**. Avec la petite montée
que l'on rencontre bientôt, commencent les fameuses cascades ombragées et célèbres dans le monde des peintres paysagistes. On
aboutit au Moulin-des-Rochers, puis à l'hôtel des Cascades. Après
cet hôtel, prendre le petit chemin de droite qui suit la vallée par de
multiples coudes et quelques côtes et descentes sans importance.
Cette route, charmante à tous points de vue, contourne les rochers
des Vaux, le ruisseau du même nom et arrive bientôt au village des
Vaux-de-Cernay qui contient les ruines de l'abbaye du même nom,
encloses dans une magnifique propriété appartenant à la baronne

de Rothschild. (Demander, pour visiter, l'autorisation à Mme Nathaniel

Villas aux Vaux-de-Cernay.

de Rothschild, 33, Faub. St-Honoré). — L'abbaye à laquelle de nom-

Les Vaux-de-Cernay. — Monument Pelouze.

breux travaux de restauration ont rendu un peu de son caractère primitif, fut fondée en 1128. Les parties les plus curieuses des ruines sont celles de l'église (style roman). Il reste encore un portail entier pittoresquement encadré de feuillage. Dans le second parc se trouve un autre bâtiment construit sous Louis XV. — Revenir par la même route jusqu'à l'hôtel des Cascades, puis prendre en face celle qui monte sur le plateau et rejoint Cernay-la-Ville (hôtel de la Poste). — **Cernay-la-Ville** est très fréquentée par les peintres, à l'instar de

Cernay-la-Ville.

Marlotte et de Barbizon. A l'hôtel Margat se trouve une salle curieusement décorée par les artistes. — Sortir de Cernay par la route de gauche et prendre le chemin de Choisel. Petite descente d'abord puis longue côte que l'on descend pendant 1.600 mètres, en partie sous bois. Traverser le village de **Choisel**, continuer tout droit jusqu'au pont jeté sur l'Yvette. On arrive ainsi, après avoir laissé sur sa gauche l'Hôtel-Dieu, aux premières maisons de **Chevreuse**. La traversée de Chevreuse est entièrement pavée. Chevreuse (2.000 hab.) — (hôtel du *Grand-Courrier* (possède les ruines pittoresques de l'ancien château de la Madeleine, des XIIᵉ et XVᵉ siècles. De ce château, qui domine toute la vallée, il reste surtout un donjon roman et deux tours en pierre de taille. — L'église de Chevreuse, du XIVᵉ siècle, et dont l'intérieur est intéressant, possède quelques belles peintures murales. En face du portail, se trouvent les restes du Prieuré de Saint-Saturnin, transformé en magasin, et dont il reste surtout un portail romain ogival. — Chevreuse fut une ancienne baronnie érigée en duché au XVII° siècle. La seigneurie de Chevreuse appartint au moyen âge à une branche de la famille de Montmorency. Ce nom fut surtout illustré par deux duchesses de Chevreuse qui se mélèrent à des intrigues de cour fameuses, l'une sous Louis XIII, la seconde sous Napoléon I⁰ʳ. — A la sortie de Chevreuse, prendre la route de

Jouy-en-Josas.

Saint-Rémy-les-Chevreuse (café de *la Station*). De ce village, en continuant la vallée de l'Yvette, on traverserait les bourgs charmants de Gif, Orsay, Bures, pour arriver à Palaiseau. — Pour revenir à Versailles, prendre dans Saint-Rémy la première route à gauche et gravir une côte très raide (1.200 mètres), durant la montée de laquelle on a un magnifique point de vue sur la droite et d'où l'on découvre toute la vallée. On descend ensuite la vallée de la Mérantoise, pour arriver au village de **Châteaufort**. (Ruines peu importantes de deux vieilles tours, enclavées dans une cour de ferme.) On franchit ensuite une côte pavée fort pénible de 800 mètres environ, puis on se retrouve sur le plateau que l'on traverse pour arriver à **Toussus-le-Noble.** On laisse ensuite à gauche l'étang du Trou-Salé d'où part un aqueduc souterrain destiné à alimenter partiellement la ville de Versailles. Puis après une belle descente de 1.800 mètres, on atteint les arcades de l'aqueduc (pavé 300 mètres) où l'on aperçoit la vallée de la Bièvre et le hameau des Loges-en-Josas. Une descente amène au village de **Buc.** Tourner à droite dans le village, pour éviter une côte assez irrégulière et mal pavée (400 mètres). On laisse à droite la porte du bois des Gonards. (Ce bois fort joli possède un certain nombre de routes véloçables, mais il est entouré de murs et les portes en sont parfois closes aux extrémités opposées.) On atteint ainsi l'extrémité de la route dite de Buc par laquelle on accède aux premières maisons de Versailles. Après une descente petite mais assez rapide, tourner à gauche et prendre sous le pont du chemin de fer la rue des Chantiers (mauvais pavé) qui amène à l'avenue de Paris et à la place d'Armes.

Pour éviter la côte pavée qui longe le bois des Gonards et amène à Versailles à la gare des Chantiers, on peut tourner à gauche à la Porte du Cerf-Volant, traverser le bois de Satory, où se trouve le camp, et descendre sur la droite une côte assez rapide de 1.200 mètres qui conduit à la rue de Satory et au cœur de la ville.

Porte du bois des Gonards.

Village et Château de Gif.

ITINÉRAIRE X

Parcours : 41 kilomètres.

PORTE DE CHATILLON, MALAKOFF, CHATILLON, PETIT-BICÊTRE, VÉLIZY, JOUY-EN-JOSAS, TOUSSUS-LE-NOBLE, CHATEAUFORT, GIF, BURES, ORSAY, PALAISEAU.

A la **Porte de Châtillon,** prendre la route qui suit les rails du tramway. Cette route est pavée, mais étant nouvellement refaite, elle est suffisamment véloçable. On peut d'ailleurs, après avoir passé Malakoff, adopter le trottoir de droite. On traverse **Malakoff,** l'ancienne cité des chiffonniers, devenue avec le temps une ville véritable peuplée de maisons ouvrières et d'usines. Ce nom de Malakoff provient de celui donné à une tour qui fut construite en 1855 au sommet d'un monticule dominant la plaine entre Vanves et Montrouge. Malakoff fut presque détruit en 1870, car le Génie militaire fit abattre une grande partie des constructions ainsi que la tour, qui pouvait servir de point de mire à l'ennemi. La route laisse à droite Montrouge devenu également une grande ville. Montrouge, qui tire son nom de la couleur de son sol, fut appelé dans les anciennes chartes *Mons rubicus.* Il n'y eut guère pendant longtemps que des couvents, entre autres celui des bénédictins et plus tard une maison importante fondée par les jésuites en 1668. Montrouge eut beaucoup à souffrir en 1815 pendant l'occupation des troupes. De même en 1870 le fort de Montrouge fut presque entièrement détruit par les obus allemands. — Le pavé se continue jusqu'à **Châtillon** et la route s'élève un peu par une pente insensible. — Laisser à gauche la route de Fontenay qui

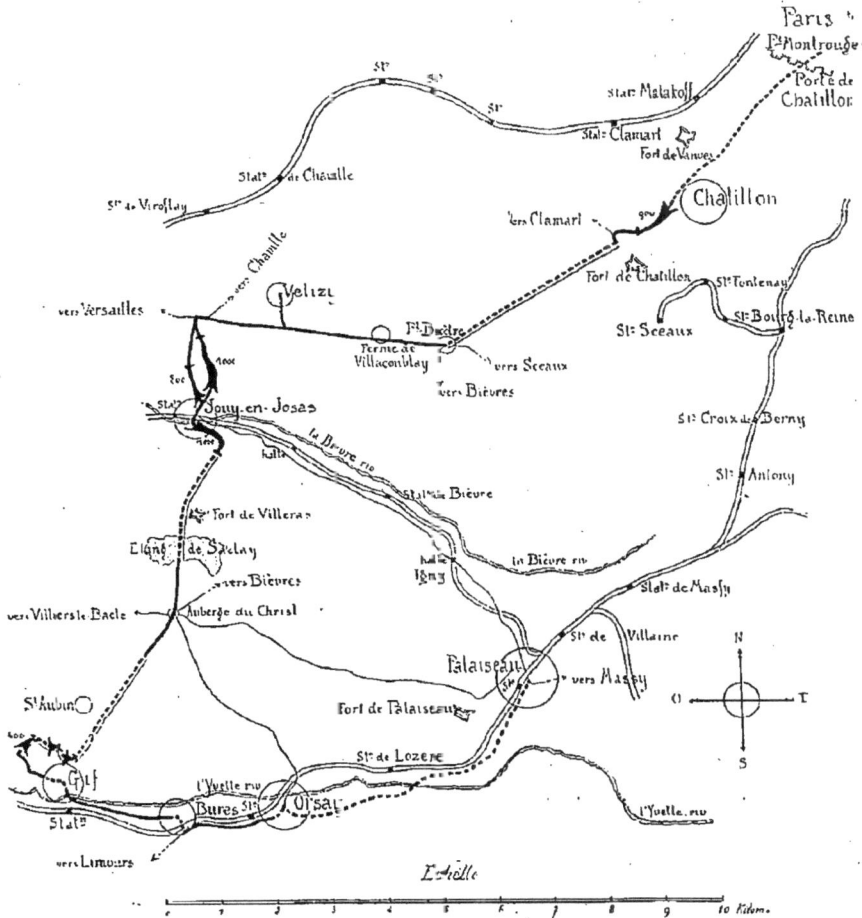

PLAN DE L'ITINÉRAIRE X.

traverse toute la ville et dont le pavé est de plus en plus mauvais. Continuer tout droit par la route qui conduit au fort de Châtillon (côte 600 mètres). Laisser le fort à gauche, le cimetière à droite et prendre la route qui mène tout droit au **Petit-Bicêtre**. Cette route pavée, possède des trottoirs suffisants. Prendre celui à droite de préférence.

(Des charretées de gadoue étant transportées à cet endroit pour être déversées sur le plateau, se méfier jusqu'au Petit-Bicêtre des tessons trop fréquents sur le passage.) — Au Petit-Bicêtre, croisée des routes de Bièvres, Sèvres et Versailles à Choisy-le-Roy. — (Poste de secours du *Touring-Club*. Restaurants

divers). — Prendre devant soi la grande route de Versailles qui descend pendant 200 mètres pour remonter aussitôt. En continuant tout droit, on arriverait à Versailles après une grande descente qui commence à l'endroit où la route biaise vers la droite. On traverserait la ligne de grande ceinture, le pont Colbert et on arriverait à Versailles par la rue des Chantiers. — 1.500 mètres après le Petit-Bicêtre, on passe devant la ferme de Villacoublay, en face de laquelle un chemin descend jusqu'à Bièvres (voir l'itinéraire III, pages 27 et suiv.). La première route à droite conduit au village de **Vélizy**, charmant petit village sur la lisière des bois de Meudon et de Chaville. (Restaurant Gigout). A côté de ce restaurant se trouve une maison ornée de statues, appartenant à Mme Michelet, veuve du grand historien de ce nom. Vélizy n'est qu'à 800 mètres de la grand'route

Vélizy et son église.

et vaut la peine d'une visite. — Continuer la grand'route après la croisée de la route de Vélizy. On laisse à gauche une route pavée qui mène à Bièvres et l'on prend également sur la gauche à 200 mètres plus loin, l'une des deux voies qui mènent à **Jouy-en-Josas** par une descente assez rapide. (Voir sur Jouy-en-Josas l'itinéraire VI, page 33). — Continuer tout droit, traverser la Bièvre et la ligne du chemin de fer qui va se raccorder à Massy-Palaiseau et arrivé à l'église, tourner à droite. Suivre la route jusqu'au Moulin après lequel on prend le chemin à gauche. A la four- che, au milieu de la côte, tenir sa gauche et suivre le petit che- min. en conti- nuant tou- jours tout droit. Ce sen- tier fait quel- ques détours avant de re- joindre la grand'route de Châteaufort à Versailles, un peu avant l'étang du Trou- Salé. A la croisée des routes, tourner à gau- che. Deux kilomè- tres plus loin, on ar- rive à **Toussus-le-**

Descente de Bièvres.

Noble que l'on traverse pour se diriger sur **Châteaufort**. A partir de ce village, se méfier d'une descente très rapide et dangereuse après laquelle on se trouve dans la vallée. — Aussitôt après avoir traversé la petite rivière la Mirantoise, tourner à gauche; en continuant toujours la route qui suit la vallée, on arrive en tenant toujours la gauche à la vallée de l'Yvette et à **Gif**. Ce chemin, un peu accidenté, est néanmoins ravissant. — Le village de Gif possède une église des XIIe et XIIIe siècles. Son château, pittoresquement situé sur le flanc de la colline, date de 1750. — Il existe également un château moderne construit dans l'enceinte d'une ancienne abbaye du XIIe siècle et appartenant à Mme Edmond Adam. — L'Yvette coule dans une vallée charmante. Elle reçoit le ru des Vaux-de-Cernay et se jette dans l'Orge. — Arrivé à l'église, prendre à droite la route pavée qui descend jusqu'à la rivière et rejoint la place au haut de laquelle se trouve la station du chemin de fer. Entre les deux restaurants (*La Croix de Grignon* et Camuseaux), prendre à gauche la route de **Bures**. Après quelques centaines de mètres parcourus entre une allée bordée d'arbres, la route descend pendant 600 mè-

tres. On croise à gau-
che le grand moulin
qui formait autrefois
le château de Bures,
ainsi que le haras,
et l'on arrive au bas
d'une petite côte pa-
vée qui aboutit à l'é-
glise. Sur la petite
place attenant à l'é-
glise, on découvre en
face le portail une
vue charmante sur
toute la vallée. —
Traverser le village

à la sortie duquel une petite côte mène au pont du
chemin de fer que l'on
traverse. Tourner ensuite
à gauche et suivre la route
qui mène directement à
Orsay. — On laisse à gau-
che, à une place bordée
d'arbres, un petit chemin
particulier fort joli, qui
conduit, après avoir passé
sur le pont du chemin de
fer, au château du Grand-

Gif et son église.

Ménil. A la fourche que l'on rencontre ensuite, choisir la route
de gauche qui descend en pente douce jusqu'à la station d'Or-

say. A partir de ce moment, le pavé est assez mauvais, — **Orsay**

Route de Gif.

(Hôtels-restaurants *de la Gare*, de l'*Étoile*. — Mécaniciens : Blondet, Gehier), possède une église construite partiellement aux XII⁰ et XIII⁰ siècles. Dans ses environs, on peut visiter le château de Corbeville (avenue des Vieux châtaigniers), du haut duquel, on découvre une très jolie vue (la promenade du Guichet, la gorge des Hucheries). Suivre le boulevard Dubreuil, la rue Archangé et la rue escarpée de l'Auducour. Peu après l'église et après avoir traversé l'Yvette, le pavé cesse. Remarquer près du pont la vue sur les berges à droite, et à gauche le lavoir

Bures.

et le viaduc du chemin de fer. Prendre la route de droite. Après un kilomètre de mauvais pavé, la grand'route monte légèrement, franchit le chemin de fer non loin de la ferme Hunerie et traverse de nouveau la voie ferrée à la station du joli village de Lozère. Peu après, à Foucherolle, on rejoint la route nationale de Chartres qui est pavée jusqu'à Palaiseau. On peut éviter partiellement le pavé en suivant le sentier utilisable sur le trottoir, tourner à gauche par un petit chemin assez mal entretenu d'ailleurs qui monte légèrement, passe sous la voie ferrée, puis immédiatement à droite redescend jusqu'à l'église de Palaiseau. Pour éviter le pavé de la ville prendre après l'église le boulevard du

L'Yvette à Orsay.

chemin de fer, le boulevard Joseph Bara et la rue de Versailles. Pour rejoindre Paris et arriver à la porte d'Orléans, voir l'itinéraire III, pages 27 et suiv.).

Vélizy. — Restaurant Gigout.

Forêt de Marly. — Carrefour et route royale.

ITINÉRAIRE XI

Parcours : 38 kilomètres.

En arrivant à **Rocquencourt**, soit par la route de Garches et Vaucresson, soit par celle de Versailles, on peut choisir deux routes jusqu'à **Bailly**. Soit par la route du côté ouest, nouvellement refaite mais pavée en partie, soit par la forêt de Marly. Dans ce cas, ouvrir la porte jaune qui ferme la forêt, mais qui est à la disposition de tous. — On se trouve dans la **forêt de Marly**, close de murs sur une superficie de 2,254 hectares. Elle a, en effet,

Porte de Bailly.

10 kilomètres de long sur 4 kilomètres de large. Prendre le premier

chemin à gauche, assez mauvais par les temps de sécheresse, mais praticable cependant pour les cyclistes un peu exercés. De cette route

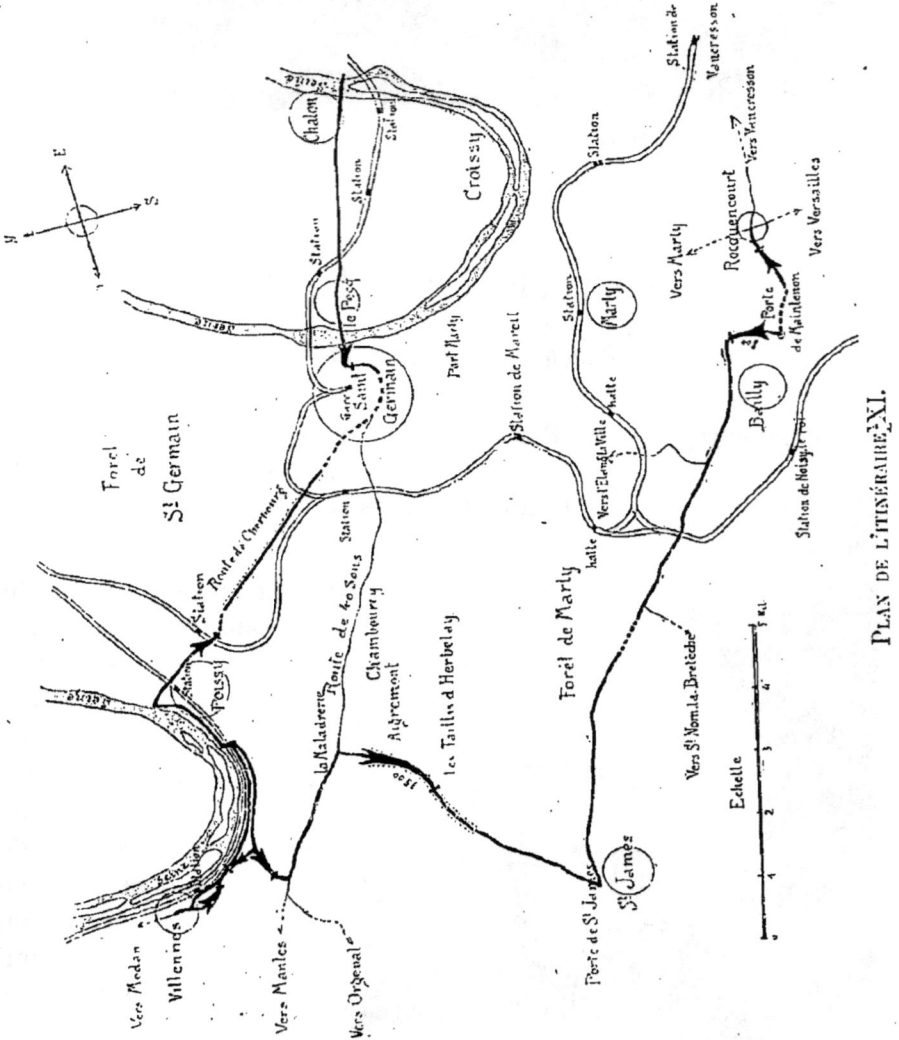

quelque peu vallonnée, on découvre souvent sur la gauche un panorama étendu sur les environs de Versailles, Villepreux, Rennemoulin, Fontenay-le-Fleuri, Saint-Cyr, etc. Sur la droite, la forêt étage ses hautes futaies et la route s'élève en pente douce jusqu'au fort de Marly.

— Après quelques détours, on arrive à l'ancienne route pavée de la

Forêt de Marly.

porte de Maintenon, côte très dure et mauvaise que l'on peut éviter en prenant la route suivante : monter la côte à droite (800 mètres). Sur le plateau, prendre la route à gauche qui mène près de la batterie de Noisy-le-Roi, à la route Royale. Cette route est excellente

Forêt de Marly. — Route royale.

dans presque toute sa longueur et elle traverse toute la forêt jusqu'à

Saint-James. On dépasse à gauche le carrefour d'où s'amorce le chemin de Noisy-le-Roi. Plus loin, à un autre carrefour, on remarque sur la gauche une grande table en pierre qui servait autrefois du temps de Louis XIV aux curées des chasses à courre. La forêt de Marly abonde en gibier surtout depuis que les tirés ont été adoptés pour les chasses de la Présidence, et il n'est pas rare de voir bondir près de soi de superbes chevreuils. — Après l'Étoile du Beau Vallon,

Villennes. — Les bords de la Seine.

on arrive à la place Royale, magnifique carrefour où l'on croise à gauche la route de Saint-Nom-la-Bretèche. Au carrefour de la Belle Étoile, prendre la fourche à gauche. On traverse encore l'Étoile du Braconnier, l'Étoile du Pèlerin, l'Étoile Saint-James et l'on arrive, en suivant toujours sa gauche, à la maison du Garde et à la Porte de **Saint-James**. — La porte franchie, on se trouve en pleine campagne. Prendre le chemin à droite de la mare. Quelques centaines de mètres plus loin, on rejoindra la route de Poissy à droite que l'on suivra tout droit jusqu'à la **Maladrerie**. (Auberge. — Poste du *Touring-Club*). Après quelques vallonnements, la route arrive à une grande descente (2,500 mètres), très rapide et assez dangereuse aux tournants. Il est préférable de descendre très lentement afin de s'arrêter au premier tiers de la côte, car l'on jouit à un certain moment, sur la gauche, d'un magnifique panorama sur la vallée de la Seine. On découvre devant soi Orgeval, Ecquevilly, Chapet, à l'arrière-plan les Mureaux et Meulan. Arrivé à la Maladrerie, prendre à gauche la route de Paris-Mantes. Suivre cette route jusqu'au troisième chemin à droite, après le Château. S'engager sur cette dernière route et la suivre jusqu'à la colline sur laquelle s'é-lève le château d'Hac-queville. A ce moment, prendre la route de droite jusqu'au bas de la descente. Au bas de la côte, quitter la grand'route et prendre le chemin de gauche qui remonte lé-gèrement au milieu d'un encaissement de verdure. — Peu après, on atteint les maisons de **Villennes**, entre les-quelles la route descend rapidement jusqu'à la ligne de chemin de fer contre laquelle se trouve la berge de la Seine. (Restaurant du *Sophora*,

Villennes. — Restaurant du Sophora.

où est le spécimen remarquable de cet arbre exotique.) En traver-sant la ligne du chemin de fer sous un petit tunnel qu'il est tou-jours préférable de faire à pied, car il est dangereux et rempli de débris, on arrive quelques mètres plus loin aux bords de la Seine (Restaurant, location de bateaux, bains de rivière). A gauche, l'écluse retient les eaux du petit bras. A droite, une multitude de petites îles ombragées permettent de faire une charmante excursion en bateau. On peut de là aller à Poissy, soit en reprenant la route suivie à l'aller jusqu'au pied de la descente du château d'Hacqueville et tourner alors à gauche, soit, si l'on ne craint pas les chemins étroits et herbus,

Poissy.

en suivant le sentier qui se trouve au bout du Restaurant. En ce cas, tourner à droite sur la berge, dans la direction d'une petite porte que l'on aperçoit à 50 mètres et remonter le sentier qui continue derrière les arbres de la berge. Ce chemin qui semble difficultueux à la description, se fait très facilement. — Jusqu'à **Poissy** on se trouve entre la voie ferrée et le bord de l'eau et l'on aper-

La Seine, entre Villennes et Poissy.

çoit sur la gauche de temps à autre avec de charmants aperçus sur

es rives, de pimpantes guinguettes établies dans les îles (passeurs).
Aux premières maisons de Poissy le petit chemin rejoint la route à droite
après avoir laissé le château de Mignaux et son magnifique parc.
Quelques centaines de mètres plus loin, on arrive à la place de Poissy,
que l'on peut parcourir bien qu'elle soit bordée d'un trottoir. De la
balustrade, on découvre au milieu des innombrables bateaux qui cons-
tituent la flottille le pont de Poissy qui conduit à la route de Triel.

Vue prise du pont de Poissy.

Ce pont, construit en pierres au moyen âge, porte encore dans sa
partie centrale de vieux moulins souvent reproduits par les peintres.
Poissy, 6.432 habitants (Hôtel de *Rouen*, Café-Restaurant du *Moulin
de la Reine Blanche*). A visiter l'église Saint-Louis, monument du
XIIᵉ siècle. Le porche, gothique, date du XVIᵉ siècle. L'église est
célèbre par ses magnifiques boiseries, et les débris de la cuve où
fut baptisé saint Louis. Sur la place de l'Église, la Maison centrale.
Statue de Meissonier, par Frémiet : plus loin, une fontaine monumentale. Pour éviter les pavés de Poissy, prendre à gauche, après le boulevard du Port, macadamisé, qui conduit entre deux rangées de villas
et sous un feuillage épais jusqu'à la station de la ligne de Grande
Ceinture (pente douce et côte). La côte est pavée, mais l'on peut suivre

7

le trottoir droit jusqu'à la porte de la forêt de Saint-Germain (Porte de Poissy). Laisser la route de gauche qui conduit à la Croix de Noailles et à Maisons-Laffitte et continuer tout droit par la route magnifique qui traverse la forêt de Saint-Germain dans toute sa longueur. Arrivé à la grille de Poissy, on se trouve dans Saint-Germain, qu'il faut traverser sur un exécrable pavé. — Pour éviter le pavé très mauvais de la ville de Saint-Germain, on peut faire un détour de 600 mètres

Forêt de Saint-Germain.

en prenant le chemin suivant : grille de Poissy, rue d'Alsace, place de Pontoise, rue de la Sous-Intendance, rue Cagnard, place du Château, rue Thiers, rue Gambetta, place Royale. A ce moment commence la grande descente tortueuse et fort rapide de la route de Paris (900 mètres) qui amène au pont du Pecq, sur les berges de la Seine. — Le tarif du chemin de fer du Pecq à Paris est de 1 f, 45 en 1re classe et de 0 f, 95 en seconde. Si l'on veut effectuer ce retour en machine, consulter l'itinéraire V, page 39).

Saint-Germain-en-Laye (16.000 habitants. Restaurant du Pavillon Henri IV, excellent, mais cher, Hôtel du *Prince de Galles, de l'Ange gardien.* — Café *François Ier*.) Pavillon Louis XIV. — Saint-Germain est une ville admirablement située. On dit que le roi Robert le Pieux, ce grand constructeur d'églises et de monastères, fit bâtir une abbaye au sommet de la colline qui supportait la forêt de *Lyda*, et la dédia à saint Germain. Des paysans vinrent s'établir autour de l'abbaye : ce serait l'origine de la ville. Saint-Germain dut à son château royal la protection que lui accordèrent presque tous les rois. Elle fut malgré cela prise trois fois par les Anglais. Le château, qui existait sous Louis le Gros, devint le lieu de résidence de la cour pendant une

Château de Saint-Germain-en-Laye.

saison de l'année. Louis le Jeune, Philippe Auguste, saint Louis, Philippe le Hardi, Philippe le Bel, en aimaient le séjour. Brûlé deux fois avec la ville, il fut restauré (*moult notablement*) par Charles V, en 1367. Le roi Louis XI, dans un accès de générosité fort rare, le donna plus tard à son premier médecin, Jacques Coitier; mais à la mort du roi, le parlement cessa la donation et le château revint à la couronne. La célébration du mariage de François Ier eut lieu à Saint-Germain; et ce prince, qui s'y plaisait beaucoup, fit reconstruire le château en 1547. Henri IV en fit bâtir un nouveau pour sa maîtresse, la belle Gabrielle; et pendant quelque temps l'ancien fut abandonné. Ce nouveau château n'existe plus aujourd'hui. Il n'en reste qu'un pavillon occupé par un hôtel-restaurant dit Pavillon Henri IV. Louis XIII était à Saint-Germain lorsqu'il ressentit les premières atteintes du mal qui le conduisit à Saint-Denis, sa dernière demeure royale, qu'il apercevait de Saint-Germain, et dont la vue porta Louis XIV à abandonner pour toujours le château où il était né. Avec Louis XIV disparut la fortune de Saint-Germain : la cour se transporta au nouveau palais que le grand roi fit construire à

Descente de Marly.

Versailles; et Mme de La Vallière resta seule pour habiter cet immense château qui, peu de temps après, servit d'asile au roi Jacques II d'Angleterre. — Le vieux château, dont la principale entrée sur la place à laquelle il donne son nom, fait face à l'église moderne, était primitivement un édifice de forme pentagonale irrégulière, sur cinq faces flanquées de tours; les remparts étaient garnis de créneaux et de meurtrières; et un fossé profond en défendait les abords. Louis XIV ajouta de vastes dépendances au château de Saint-Germain, qui prit sous son règne une physionomie nouvelle. Mansard abattit les tours et y substitua les cinq pavillons qui existent encore aujourd'hui. Des terrasses en amphithéâtre et plantées par Le Nôtre s'élevèrent au pied des bâtiments. La façade sur la place est en pierre, et présente un aspect tout différent des autres, qui sont construites alternativement en pierres et en briques. Le château de Saint-Germain a vu successivement s'établir dans son enceinte depuis 1793 une salle de spectacle pour la ville, une école de cavalerie sous l'Empire, une caserne pour les gardes du corps sous la Restauration, et sous Louis-Philippe, un pénitencier militaire. Évacué en 1855, il fut affecté, par décret du 8 mars 1862, à un musée *gallo-romain*, et restauré complètement, afin de le rétablir tel qu'il était sous François Ier. Ce musée dit *Musée des Antiquités nationales* est très intéressant et renferme des moulages de monuments romains, des inscriptions, des bornes, des monuments relatifs à la mythologie et aux métiers de l'ancienne Gaule, etc. (Le musée est visible les dimanches, mardis et jeudis de 11 h. 1/2 à 5 heures en été et à 4 h. 1/2 en hiver.) Saint-Germain eut à subir, dès les premiers jours du siège de Paris, l'occupation allemande, qui ne cessa qu'au mois d'avril 1871.

La forêt de Saint-Germain comprend près de 4.920 hectares, entièrement entourés de murs et coupés de larges et admirables routes. Les principaux édifices qu'on trouve dans la forêt de Saint-Germain sont : le *Château de la Muette*, rendez-vous des chasses sous la monarchie ; le *Château du Val*, construit par Mansard sur une hauteur au bout de la magnifique terrasse qui longe la rivière, et qui a été restauré en 1853 dans le style de l'époque ; enfin, la *Maison des Loges*, qui est occupée par les filles des sous-officiers et des soldats décorés de la médaille militaire. (Il se tient chaque année aux Loges une fête très fréquentée des Parisiens ; elle commence le dimanche qui suit le 30 août et dure 10 jours.)

Descente dans la vallée de la Seine.

Vue générale d'Andrésy.

ITINÉRAIRE XII

Parcours : 50 kilomètres.

SAINT-GERMAIN-EN-LAYE, LA FORÊT, ANDRÉSY, CHANTELOUP, L'HAU-
TIE, MEULAN, VERNEUIL, VERNOUILLET, MÉDAN, VILLENNES, POISSY,
SAINT-GERMAIN-EN-LAYE.

De Paris à **Saint-Germain-en-Laye,** viâ Rueil (gare Saint-
Lazare), le prix en 1re classe est de 1 f, 50 et de 1 f, 05 en seconde.
Viâ Saint-Cloud (gare Saint-Lazare), il est de 1 f, 80 en 1re classe et
de 1 f, 20 en seconde. Ce dernier trajet est plus long d'une demi-
heure, environ. — On peut aussi se rendre à Saint-Germain par le
tramway à vapeur qui possède un fourgon pour les vélocipèdes et
part de l'Arc de Triomphe à l'heure 45 en hiver et à l'heure 15 et 44
en été. Le trajet se fait en 1 h. 25. Prix 1 f, 65 et 1 f, 15 ; 2 f, 70
et 1 f, 85 aller et retour. (Voir sur Saint-Germain et la Forêt l'Itinéraire XI, page 91 et suiv.) — Pour parvenir à la route nationale qui
traverse en biais la **forêt de Saint-Germain** dans toute sa longueur,
prendre, sur le pavé de la ville, en partant de la gare de l'Ouest, la
rue Cagnard, la rue des Bûcherons et à droite la rue de Lorraine,
puis la rue de Metz qui finit à la rue de Poissy. Dépasser la place
Mauban et continuer toujours tout droit par la rue et la route de Poissy.
— Vis-à-vis le passage à niveau, tourner à gauche, pénétrant dans
la forêt par la route qui conduit aux Loges. On passe sous un pont

de chemin de fer; laissant le pensionnat des Loges à sa gauche, on

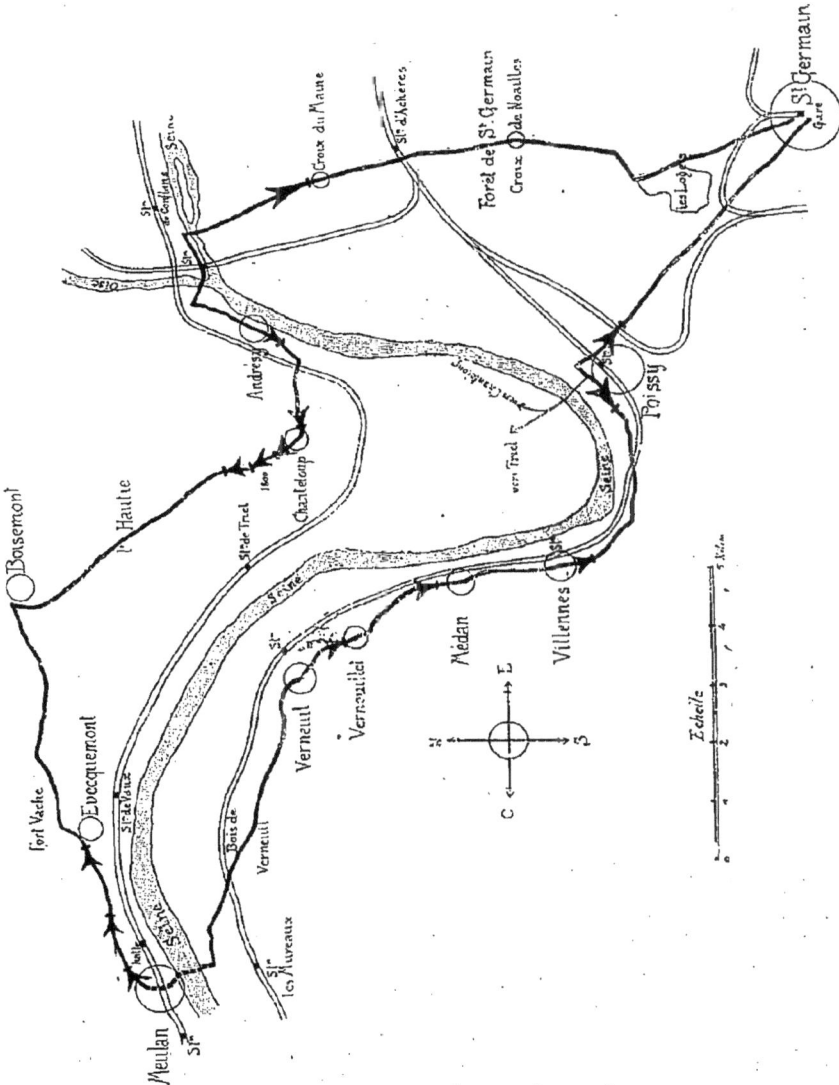

PLAN DE L'ITINÉRAIRE XII.

tourne à droite à l'Étoile de la vallée de Pontoise, et sur l'incomparable macadam de la forêt, on parvient bientôt à la Croix de Noailles. (Débits de boissons.) Ralentir légèrement devant le mauvais passage à niveau de la station d'Achères, puis se livrer à une belle descente

Forêt de Saint-Germain. — Les Loges.

à travers le dernier tiers de la forêt au sortir de laquelle est le pont de Conflans. Tournant immédiatement à gauche, non sans avoir jeté un coup d'œil à droite sur la jolie ville de Conflans-Sainte-Honorine dont les maisons s'étagent en amphitéâtre sur un escarpement dominant la Seine, on arrive, après avoir passé le chemin de

Forêt de Saint-Germain. — La Croix de Noailles.

fer, à un pont suspendu sur l'Oise (péage 5 centimes). Prenant le chemin à gauche du pont, le long de la rivière, au confluent de la

Conflans-Sainte-Honorine. — Vue prise du pont.

Seine et de l'Oise, on atteint les premières maisons d'**Andrésy** et le boulevard de la Seine (Hôtel-Restaurant des *Barreaux Verts*). Tourner à droite par la grande Rue et s'élever par la rue de la Gare (côte excessivement raide) jusque sur le pont d'où l'on voit la station d'An-

Andrésy et la vallée de la Seine.

drésy-Chanteloup. La route de **Chanteloup** assez accidentée, passe au milieu de vignobles qui produisent un vin louable, mais dont la

Étang de la Roche, sur les hauteurs de l'Hautie.

réputation ne dépasse guère la région de Saint-Germain, où il est très goûté. La traversée de Chanteloup est fort montueuse (Hôtel-Restaurant *Saint-Roch*). On tourne à gauche, puis on appuie sur la droite en quittant le village. De ce point, la vue est fort belle; elle est en-

L'hôtel de ville de Meulan, place Gency.

core plus étendue lorsqu'on est parvenu à l'entrée du bois des hauteurs de **l'Hautie**. Les maisons de l'Hautie s'échelonnent à de grands intervalles le long de la route; un joli étang la borde après quelques kilomètres de parcours, et plus loin, à deux reprises différentes, on aperçoit à droite les côteaux qui dominent la vallée de l'Oise. — Au premier poteau indicateur que l'on rencontre, virer à gauche et laisser plus loin à sa gauche celui qui indique la route du fort Vaches. La route est légèrement accidentée et bientôt commence une

Bois de Verneuil.

descente rassurante sur Meulan. Auparavant, remarquer derrière le village d'Évecquemont l'immense panorama que l'on découvre sur la vallée de la Seine et d'où l'on aperçoit jusqu'à la tour Eiffel (35 kilomètres à vol d'oiseau). Ralentir son allure avant d'entrer dans **Meulan** (mauvais pavé en pente rapide), suivre la rue de la Tannerie et la rue Basse qui descend à la place Gency où est l'hôtel de ville. — Meulan (2.800 habitants) dont les maisons s'étagent sur la rive escarpée de la Seine est percé de nombreuses ruelles (il y a même une rue des Ruelles). (Hôtels-Restaurants Pinchon, de *la Grande Pinte*. — Mécanicien : Dehenne-Cholet.) Le sommet du coteau contient les ruines d'un château fort; l'église Saint-Nicolas est du XIIe siècle. Non loin de la place Gency sont les restes d'une chapelle du XVe siècle, con-

108

sacrée à saint Michel. — Laissant derrière soi l'hôtel de ville, traverser successivement deux beaux ponts sur les deux bras que forment la Seine, et immédiatement après le deuxième, s'engager à gauche sur la belle route qui aboutit au bois de Verneuil après avoir franchi un pont sur le chemin de fer. La traversée du bois de Verneuil est des plus charmantes; sur une partie du parcours, des rangées de sapins répandent leur arome et çà et là les bouleaux jettent la note gaie de leur feuillage léger et de leurs troncs clairs. — A la première bifurcation de routes, prendre à gauche; du côté de la Seine, la route passe dans **Verneuil** (curieuse église du XIIIᵉ siècle). Vis-à-vis la grille d'une villa, tourner à droite, et l'on ne tarde pas à franchir la distance qui

Triel. — Porte Est de l'Église.

Triel.

sépare Verneuil de **Vernouillet** où l'on parvient après une côte assez prononcée. (Restaurant du *Grand Saint-Martin*. — Église dont le clocher est de style roman.) En faisant un crochet à gauche, on arriverait au pont suspendu qui conduit à Triel où l'on voit une belle église du XIII⁰ siècle (le chœur du XVI⁰ ainsi

Église de Vernouillet.

qu'une admirable verrière de 1544). — Quitter Vernouillet en descendant le long de l'église par la rue du Bout-Large et tourner à droite ; 2 kilomètres nous séparent de **Médan**. On arrive par une côte facile à ce village moins célèbre par son église (XVII⁰ siècle) et son baptistère qui aurait été utilisé pour le baptême de Charles le Chauve que par la résidence d'été qu'y a établie Émile Zola. (Il faut croire que les villageois de Médan sont fiers de posséder sur leur territoire le romancier des Rougon-Macquart, si l'on en juge par l'inscription de *Rue Nana,* tracée au charbon par eux sur le mur de l'église.) — De

l'église de Médan descendre à gauche jusqu'auprès la voie ferrée, tourner à droite et remonter dans une autre partie du village d'où l'on descend à un chemin qui devient fort raboteux à sa partie centrale. (On peut prendre la route du haut, plus belle, mais plus longue et fort montueuse.) Passé la grille de **Villennes,** la route s'élève dans ce beau village puis tourne à gauche et s'enfonce sous les ombrages d'un grand

Médan. — Résidence d'été d'Émile Zola, membre d'honneur du *Touring-Club de France.*

parc; elle descend en pente rassurante jusqu'au passage à niveau où commence **Poissy.** (Voir au sujet de cette localité l'Itinéraire XI page 92). Dans Poissy, c'est vers la porte de Paris qu'il faut se diriger et monter sur le trottoir le long de l'avenue qui mène à la lisière de la forêt de Saint-Germain. La route grandiose qui s'offre alors aux roues du véloceman est celle de Cherbourg à Paris. Elle mène au pavé de **Saint-Germain** (Route et rue de Poissy).

Saint-Germain. — Grille d'Hennemont. — Route de Paris-Mantes.

ITINÉRAIRE XIII

Parcours : 46 kilomètres.

Saint-Germain-en-Laye, Chambourcy, La Maladrerie, Ecquevilly, Aubergenville, Flins, Épone, Mézières, Mantes, Rosny, Rolleboise, Bonnières.

(Voir pour les tarifs du voyage de Paris à St-Germain l'Itinéraire XII page 102).

Il vaut mieux pour commencer cette excursion éviter la traversée pavée de **Saint-Germain-en-Laye** par les rues de Paris, du Vieux-Marché et de Pologne (cette dernière fort longue). Prendre donc à droite sur la place Royale, l'avenue Gambetta. Au bout de cette avenue (vue splendide) en face de la grille, virer à gauche dans la rue Thiers, puis traversant la place Thiers où figure la statue de l'ancien président de la République, et la place du Château (pavé), s'engager dans la rue de la Surintendance, ensuite dans la rue Louis-Cagnard, la rue de Pontoise (pavé), la place de Pontoise, laissant vis-à-vis la grille de Pontoise, pour continuer à gauche par la rue d'Alsace qui aboutit à la place Vauban. Traverser la place en biais à gauche, suivre la rue pavée de Poissy, puis la rue Ampère jusqu'au carrefour où la rue Péreire (un chemin sous bois) descend après le pont de la Grande Ceinture jusqu'à la grille d'Hennemont où commence la route de Mantes. (Cette route est aussi appelée *route de Quarante sous*, parce qu'elle fut percée en 1848 par des ouvriers sans emploi, auxquels on attribuait un salaire quotidien de deux francs). A 700 mètres plus loin, passer la grille de Mantes et franchir un coin du village de **Chambourcy** (église du XIVe siècle), puis le hameau de la **Maladrerie de Poissy** ; après quoi, une côte de 400 mètres s'élève jusqu'à la hauteur d'Orgeval. (Auberge de la *Maison Blanche*.) La route devient plus accidentée : deux ou trois côtes précédées de belles descentes, ce qui paraît réduire fortement leur longueur, amènent à **Ecquevilly** après avoir traversé des plaines bien cultivées que dominent des bois. Pavé dans Ecquevilly. (Hôtel restaurant du *Grand-Cerf*). La sortie d'Ecquevilly s'effectue sur une côte assez dure ; la route, qui d'ailleurs s'ondule de plus en plus, offre une descente très rapide et dangereuse en arrivant sur **Flins**. Au cours de cette descente, on domine le village de Flins avec les talus de la route en premier plan, des bois à gauche,

Saint-Germain. — Une villa.

puis au delà du village, à l'horizon, les coteaux qui dominent la rive droite de la Seine. — Au sortir de Flins (église des XIIe et XVIe siècles) après un peu de pavé la route devient plane ; on la suit jusqu'à **Aubergenville** Église du XVe siècle) puis après avoir passé un pont sur la Mauldre jusqu'à **Epône** où l'on accède après une côte assez forte, passant devant le château de Créqui (XVIIIe siècle). Les rues de la Porte de la ville, de la Geôle et Fournier montent à la place où l'église (XIIe siècle) contient des parties intéressantes, notamment sa flèche en pierre et son clocher. — Après **Mézières**, la route devient plate, dominée à gauche par une suite de mamelons incultes, mais verdoyants. A droite on aperçoit de temps en temps à travers les arbres la belle vallée de la Seine, et au loin les clochers de la cathédrale de **Mantes**. Avant d'arriver à cette ville, on descend rapidement à

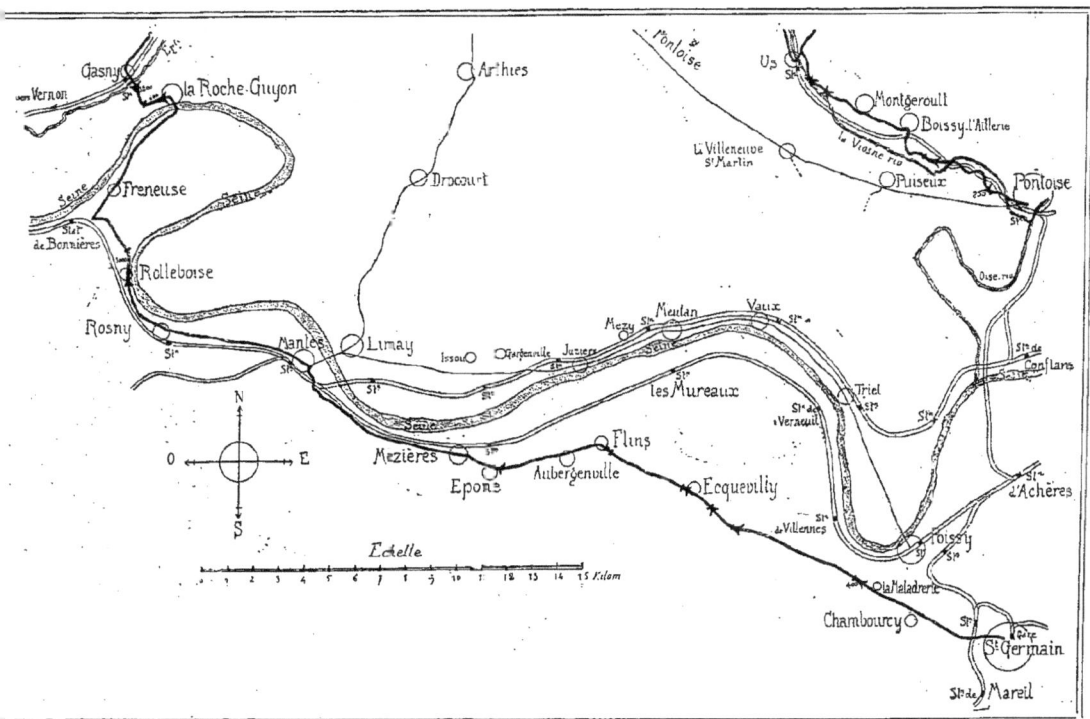

PLAN DE L'ITINÉRAIRE XIII.

droite, puis passant un pont sur la rivière de la Vaucouleurs, on monte le raidillon de Chantereine, sorte de faubourg de Mantes. Dans la ville à gauche prendre la rue de Houdan, tourner à droite et passer le pont du chemin de fer. La rue Thiers est au centre des curiosités de la ville. Église de Notre-Dame, des XIIᵉ, XIIIᵉ et XIVᵉ siècles. Deux tours hautes de 68 mètres. Portail richement décoré. Sur la façade, magnifique rosace. — A l'intérieur, l'élévation de la nef principale est de 35 mètres. Belle chapelle, un des types les plus purs de l'architecture française au XIVᵉ siècle. Boiseries délicates des orgues et du chœur. — Pénétrer par les galeries ouvragées qui ornent l'intérieur de l'église jusqu'à l'escalier qui conduit au sommet des tours. La vue est une des plus belles qu'offre le parcours entier de la Seine. — De l'église cathédrale, prendre la rue de Chaussetterie, traverser la rue Thiers et suivre la rue de la Mercerie jusqu'à la place du Marché qui est le point où l'on voit le mieux la tour Saint-Maclou, remarquable vestige d'une église des XIVᵉ, XVᵉ et XVIᵉ siècles, détruite pendant la Révolution. — L'hôtel de ville est des XVᵉ et XVIIᵉ siècles, le Palais de justice des XIVᵉ et XVᵉ (porte curieuse). Sur la même place est une fort ancienne fontaine, hors d'usage. — Mantes, qui est justement surnommée *la jolie,* fut autrefois une ville forte. Guillaume le Conquérant y fut grièvement blessé en 1087. Charles le Mauvais y tint échec au roi de France. Philippe Auguste y mourut en 1223. Elle appartint à deux reprises aux Anglais. Quoiqu'ouverte et sans

Épône.

garnison, elle fut bombardée le 25 décembre 1870 par une colonne de Prussiens. (Hôtel-restaurant du *Rocher de Cancale*. — Mécaniciens : Laporte, Tabourier-Delval.) — On sort de Mantes en suivant le prolongement de la rue Thiers (pavé) et l'on voit bientôt la superbe route plantée d'arbres qui traverse le bois de la Butte-Verte et joint **Rosny** (pavé) qui possède le beau château de Sully (XVI° siècle) et un parc peuplé d'arbres séculaires. Propriété de la famille Lebaudy, ne peut être visitée que sur autorisa-

tion). Au sortir de Rosny, la route s'élève légèrement, puis s'abaisse en pente plus rapide obliquant à droite. On retrouve la vue de la Seine, puis à gauche le pittoresque village de **Rolleboise** qui s'étage sur le coteau, dominé par son église. Une côte

Église cathédrale de Mantes.

longue de 800 mètres, droite et fort dure, commence à mi-che-

. min de la traversée du village (se retourner avant son point cul-

Rolleboise.

minant pour jouir de la vue); elle tourne ensuite brusquement

Bonnières.

à gauche et descend doucement jusqu'à **Bonnières,** laissant à droite le chemin de Freneuse et au fond une succession de collines crayeuses dont la lumière du jour accuse les plans. Bonnières est le point terminus de notre promenade. (Hôtel-restaurant de *la Poste*. — Mécanicien : Saint-Denys.) De Bonnières à Paris en chemin de fer, le prix est de 7^f,75 en 1re classe, 5^f,20 en 2e, et de 3^f,40 en 3e classe.

Entre Mantes et Rosny.

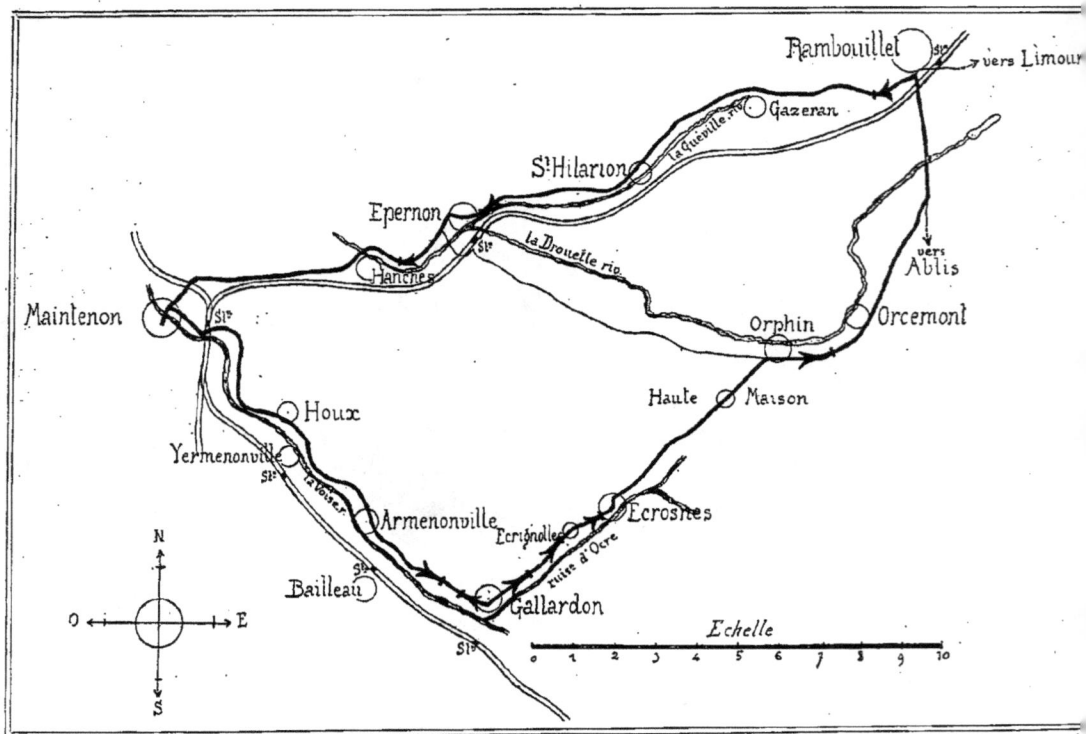

Rambouillet

vers Limour

Gazeran

St Hilarion

La Gueville rio

Epernon

Hanches

La Drouette rio

vers
Ablis

Maintenon

Orphin

Orcemont

Houx

Haute Maison

Yermenonville

la Voise r

Armenonville

Ecrignolles

Ecrosnes

ruite d'Ocre

Bailleau

Gallardon

Echelle

0 1 2 3 4 5 6 7 8 9 10

N

O ←→ E

S

Plan de l'itinéraire XIV.

Épernon. — Maison de Saint-Christophe (XVᵉ siècle).

ITINÉRAIRE XIV

Parcours : 50 kilomètres.

RAMBOUILLET, SAINT-HILARION, ÉPERNON, HANCHES, MAINTENON, HOUX, YERMENONVILLE, ARMENONVILLE, GALLARDON, ÉCRIGNOLLES, ÉCROS-NES, HAUTE-MAISON, ORPHIN, RAMBOUILLET.

De Paris-Montparnasse à Rambouillet, le prix est de 5ᶠ,40 en 1ʳᵉ classe; 3ᶠ,65 en 2ᵉ, et 2ᶠ,35 en 3ᵉ classe. La route que nous indiquons n'a que l'inconvénient de présenter quelques côtes, surtout pendant la première partie du parcours. — Avant de monter en machine, on peut visiter à **Rambouillet** le château, les jardins et le parc. De la gare, prendre à gauche la courte rue de l'Embarcadère qui descend en pente assez prononcée jusqu'au pavé de la ville. Continuer droit devant soi jusqu'à la porte s'ouvrant sur les jardins. L'accès en étant interdit aux vélocipèdes montés, conduire sa machine à la main ou la confier à l'un des restaurants et des cafés qui abondent à proximité du château. (Hôtel-Restaurant du *Lion d'Or*, de *la Croix-Blanche*. — Mécanicien : Promptault). Il ne reste du château primitif de Rambouillet qu'une tour crénelée du XIVᵉ siècle, et où François Iᵉʳ mourut en 1547. Le bâtiment actuel date du XVIᵉ; il est de construction irrégulière et flanqué de cinq tours en poivrières. Les appartements, aujourd'hui démeublés, ne présentent pas un grand intérêt, sauf au rez-de-chaussée, la salle à man-

ger dont les murs sont revêtus de magnifiques boiseries. Les jardins ont été dessinés par Le Nôtre; ils contiennent une piè-

ce d'eau encadrée de grands arbres, de l'effet le plus grandiose, et aussi un pavillon cons-truit pour la reine Marie-Antoinette, dit

Jardin et Château de Rambouillet.

laiterie de la reine, et dont l'intérieur, revêtu de marbres, est rafraîchi

Vieille-Église (près Rambouillet).

par des jets d'eau. Le parc contient une bergerie modèle où l'on fit l'élevage des mérinos jusqu'en 1848. — Le domaine de Rambouillet appartint longtemps à la famille d'Angennes; il fut acheté en 1711 par le comte de Toulouse dans la famille duquel il resta jusqu'à la Révolution. Il fut alors réuni au domaine de l'État. Charles X y faisait de grandes parties de chasse. C'est là qu'il abdiqua le 2 août 1830, à la suite des journées de Juillet. — Si l'on ne veut pas stationner dans la ville qui, à part son château, n'offre rien de remarquable, au sortir de la rue de l'Embarcadère, tourner à gauche sur la place de la Foire (pavé), suivre le boulevard Voisin et prendre ensuite le bas-côté de la route qui s'élève le long du parc de Rambouillet. Les côtes et les descentes se succèdent sans beaucoup d'interruption jusqu'au village de **Saint-Hilarion** situé à gauche, et la route continue ses ondula-

Épernon.

tions jusqu'au pavé d'**Épernon**, ville située dans l'Eure-et-Loir, presque à la limite du département de Seine-et-Oise. (Hôtel-Restaurant de *la Grâce de Dieu.*) — La petite ville d'Épernon, juchée sur une hauteur, était autrefois une place forte, entourée de murs et de fossés et défendue par un château fort dont on voit encore les ruines pittoresques. Longtemps elle appartint à la maison de Bourbon-Vendôme; elle fut vendue par Henri de Navarre à Nogaret de la Valette. C'est en faveur de son fils, le fameux d'Épernon, qu'elle fut érigée de baronnie en duché-pairie par Henri III. Dans la guerre franco-allemande, Épernon, quoique ville ouverte, reçut quelques obus des Prussiens (4 octobre 1870); un assez vif engagement y eut lieu le lendemain. Un monument a été érigé en mémoire de cette défense. (Belle église des XVᵉ et XVIᵉ siècles. Le Doyenné, bâtiment du XIVᵉ siècle. Salle voûtée et souterraine du XIIIᵉ, dite Pressoirs d'Épernon. Maison du XVᵉ siècle, avec statues de Saint-Christophe

Château de Maintenon.

et de son ange gardien, en bois sculpté). — Arrivé par la rue Drouet, on continue la route en tournant à gauche sur la place de l'Hôtel-de-Ville et en descendant la rue Bourgeoise, puis à droite la rue du Prieuré Saint-Thomas (trottoir de gauche). La route s'élève alors en pente assez forte, mais devient moins accidentée dans la direction de **Hanches**. Ce dernier village est construit en longueur; sa traversée est de 1.200 mètres tout en pavé. On peut éviter ce trajet désagréable en prenant, à la hauteur du hameau de Vinerville, à gauche de la route, l'avenue du Loreau, passant un pont sur la petite rivière de la Drouette, virant ensuite à gauche et continuant jusqu'à la sortie du village où l'on aboutit en tournant à droite. Entre Hanches et **Maintenon**, la route, plus directe, longe une partie des bois de Maintenon, jolie petite ville située au confluent de la Voise et de l'Eure (2.000 hab.) (Hôtel-Restaurant *Saint-Pierre*. — Mécaniciens : Mesnil, Comperat.) Le château de Maintenon date du commencement du XVIᵉ siècle; il fut acquis en 1674 par Françoise d'Aubigné, veuve Scarron, pour qui Louis XIV l'érigea en marquisat (1688). Mᵐᵉ de Maintenon fit ajouter deux ailes au château; l'une d'elles, la gauche, qui est reliée à la chapelle aujourd'hui désaffectée, contient une galerie où figurent les portraits des membres de la famille du propriétaire actuel, le duc de Noailles. (Dans les appartements, meubles de style, souvenirs de Mᵐᵉ de Maintenon, portraits, objets d'art, etc.) — Le château de Maintenon est visible tous les jours; lorsqu'il est habité, on ne laisse visiter que la galerie des ancêtres : portraits la plupart modernes et

L'aqueduc de Maintenon.

sans grand intérêt. Le parc, assez beau, contient une quantité de ponts sur la Voise et l'Eure. Il est limité par les restes d'un aqueduc entrepris au XVIIᵉ siècle pour amener les eaux de l'Eure à Versailles, et qui ne put être achevé, quoiqu'on eût employé pendant plusieurs années, outre les ouvriers, jusqu'à 60.000 hommes de troupe pour les travaux de terrassement. La guerre de 1688 fut cause de cette interruption. L'aqueduc de Maintenon a 985 mètres de longueur, il se compose de 47 arcades ayant chacune 13 mètres d'ouverture; ses ruines sont d'un bel effet. — La ville de Maintenon est pavée. La sortie s'effectue par le pont, d'où l'on aperçoit le château. Prendre à gauche la rueoll Cin-d'Harleville (ce poète comiqueest né à Mévoi-

Baglinval-les-Gallardon.

sins, canton de Maintenon), puis à droite la rue du Pont-Rouge où l'on passe un autre pont, à droite encore la rue Thiers qui s'élève jusqu'à une bande de pavé, après quoi l'on se trouve sur la route. — Passant sous une des arches de l'aqueduc, on franchit, plus loin le chemin de fer, puis on s'élève jusqu'à **Houx**, traversant ensuite sur un parcours fort agréable **Yermenonville**, puis **Armenonville-les-Gâtineaux** dont les maisons couvertes d'ardoises

Église de Gallardon.

sont échelonnées le long de la route. — Côte prononcée à la hauteur du hameau de Baglinval-les-Gallardon, puis entrée dans Gallardon sur le pavé. — **Gallardon** (1.600 hab.) possède une des plus belles églises du département. Elle date des XIIᵉ et XVIᵉ siècles. Son clocher est fort élevé; elle est ornée de pinacles et de tourelles; l'intérieur offre, outre de beaux vitraux, une charpente et un cintre composé de feuilles de bois entièrement peints d'attributs sacerdotaux (XVᵉ siècle). A gauche de l'église, dans une cour de ferme s'élève la ruine d'un donjon du XIe siècle, dit Épaule de Gallardon. Non loin de la place de l'Église est une maison en bois du XVIe siècle avec de belles sculptures. (Hôtel-Restaurant *Saint-Pierre*. — Mécanicien : Barrois-Blanchard.) — Pour sortir de Gallardon, descendre la place, laissant l'église à gauche, prendre la deuxième rue, également à gauche, où la maison du coin porte une plaque indiquant la direction de Mont-louet; monter jusqu'à ce qu'on aperçoive à droite la plaque indica-trice d'**Écrignolles**, c'est le chemin que l'on doit prendre. — La route, assez montueuse entre Gallardon et Écrignolles, ne l'est pas moins entre ce dernier village et **Écrosnes** ; moins accidentée, mais un peu raboteuse entre Écrosnes et le hameau de **Haute-Maison,** elle devient superbe jusqu'à **Orphin** (curieuse église). — On aban-donne Orphin en passant un pont sur la Drouette et en s'élevant par une côte assez dure, le long du parc de M. Chauchat. A travers ces plaines giboyeuses, une belle descente conduit à un nouveau pont sur la Drouette, puis le chemin s'élève légèrement jusque sur la grand'route où, tournant à gauche, on ne tarde pas à aborder les premiers pavés de **Rambouillet**. (Trottoir de droite.) La voûte du chemin de fer une fois passée, on arrive à la grille du parc, place de la Foire.

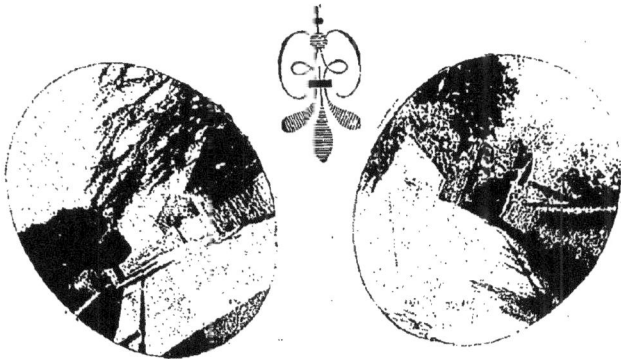

Villas à Maintenon.

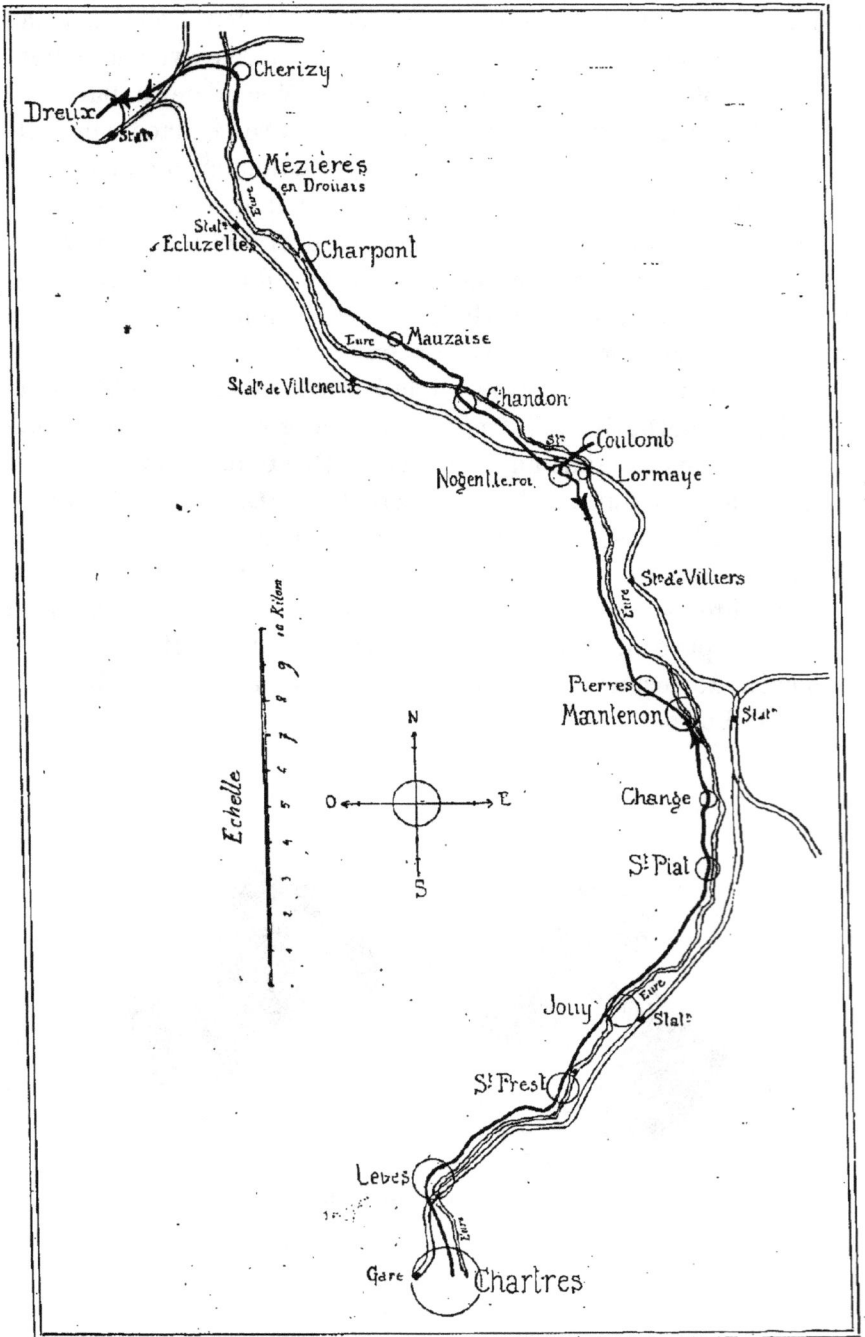

Dreux · Cherizy
Stat
Mézières
en Drouais
Stat
Ecluzelles · Charpont
Eure · Mauzaise
Stat de Villeneuve · Chandon
st · Coulomb
Nogent le roi · Lormaye
Std e Villiers
Eure
Pierres
Maintenon · Stat
N
O · E
Echelle
S
Change
St Piat
Jouy · Stat
Eure
St Frest
Leves
Gare · Chartres
Eure

PLAN DE L'ITINÉRAIRE XV.

Nogent-le-Roi. — Maisons du XVIe siècle.

ITINÉRAIRE XV

Parcours : 48 kilomètres.

CHARTRES, LÈVES, SAINT-PREST, JOUY, SAINT-PIAT, MAINTENON, PIER-
RES, LORMAYE, NOGENT-LE-ROI, CHAUDON, MAUZAISE, CHARPONT,
MÉZIÈRES-EN-DROUAIS, CHERISY, DREUX.

De Paris-Monparnasse à Chartres, le prix est de 9ᶠ,85 en 1ʳᵉ classe ;
6ᶠ,65 en 2ᵉ, et 4ᶠ,95 en 3ᵉ classe. — Notre itinéraire XV est un
des plus agréables qui se puisse effectuer dans la région Ouest de
Paris : il donne satisfaction au cycliste tant au point de vue de la
Nature qu'au point de vue de l'Art. La vallée de l'Eure, que l'on ne
quitte pas un instant, est ombreuse, verdoyante, et sur plus d'un
point du parcours les herbes qui peuplent les bords de la rivière,
distillent dans l'air leur arôme et leur fraîcheur. La route ne présente pas une côte importune, sauf à la fin du parcours, entre Cherisy et Dreux. Quant au point de vue de l'Art et des souvenirs historiques, nous verrons qu'il est d'une réelle importance, grâce aux
merveilles que nous offrent les villes de Chartres, de Maintenon, de
Nogent-le-Roi et de Dreux. — Nous insisterons un peu longuement sur
la première d'entre ces villes, puisqu'elle a le privilège d'être la plus
intéressante, et que d'autre part, l'heure et demie d'immobilité que
nous avons passée en wagon, nous rend tout disposé à la parcourir.
— **Chartres** est une ville de 22.000 habitants. (Hôtels-Restaurants du

Duc de Chartres, du *Grand-Monarque,* de *l'Ouest,* de *la Couronne.*
— Mécaniciens : Bachelet, Beaufils, Bouilly, Darcelle, David.) Construite en partie sur une hauteur, elle se divise en haute et basse
ville ; les murailles et les fossés qui l'entouraient jadis n'ont pas été
complètement détruits. De ses anciennes fortifications, transformées
en boulevards qui offrent de fort belles promenades, il ne reste plus
guère que trois portes, dont la plus remarquable par son antique
construction est la porte Guillaume. L'Eure, qui
forme en cet endroit deux bras, l'un en dedans,
l'autre en dehors des remparts, arrose la ville
basse, dont les rues sont étroites et tortueuses :
celles de la ville haute sont mieux bâties et
mieux percées, et les deux
parties de la ville communi-
quent entre elles par des
rampes tellement rapides
qu'elles sont imprati-
cables pour les voi-
tures. Chartres, sur-
tout dans sa partie
basse, qui est la plus
ancienne, offre en-
core aujourd'hui l'as-
pect d'une ville du
moyen âge. Parmi ses monuments nous citerons en première

Chartres. — La Cathédrale. —
Vue générale de la Ville. —
Porte Guillaume.

ligne la Cathédrale, qui est non pas le plus beau, mais peut-être
le plus curieux monument chrétien de toute la France, parce
qu'elle est l'œuvre d'époques diverses. Le douzième siècle avait
voulu bâtir un monument modeste ; mais le treizième siècle, mo-
difiant complètement le plan primitif, du petit monument romain,
fit un colossal édifice gothique, greffant le corps d'un géant
sur les jambes d'un nain, a dit un auteur. En effet, les portes du
portail royal avec leurs dimensions si réduites, au-dessous
de cette haute et large nef centrale, sont d'une disproportion cho-
quante, et quelques superfétations, produits des siècles suivants, ont
encore altéré sa beauté. Sous l'église, dans toute sa longueur, dans
toute sa largeur, excepté à la nef, existe une autre église, souter-

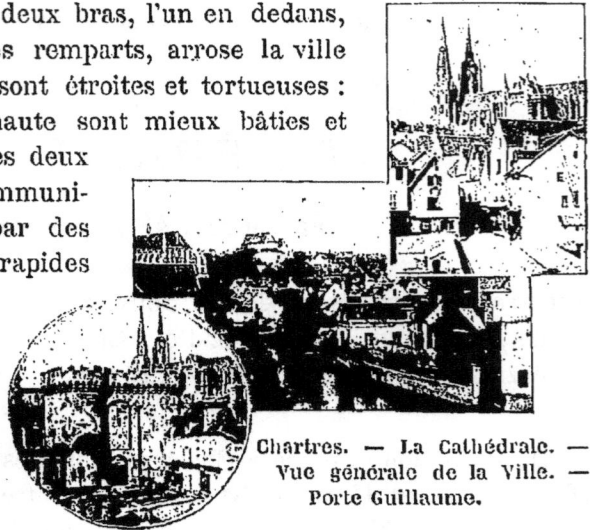

raine, immense crypte peinte à fresque et percée de fenêtres, elle mesure 220 mètres de tour et contient une quantité de chapelles parmi lesquelles la chapelle de Notre-Dame-sous-Terre où l'on voit les restes de la grotte dans laquelle les Druides venaient, dit-on, adorer la Vierge. La statue actuelle, en cœur de chêne, remplace,

Chartres. — La Cathédrale, portail Ouest.

depuis 1793, celle qui datait, paraît-il, de l'époque druidique. — La cathédrale de Chartres a 134 mètres de longueur totale, 33 mètres de largeur d'un mur à l'autre et 36 mètres de hauteur sous la voûte. Les vitraux, admirablement conservés, forment un musée complet de la légende chrétienne, et produisent à l'intérieur des effets de lumière impossibles à décrire. Le chœur est fermé par des bas-reliefs encadrés et surmontés d'ornements de la plus grande élégance. Les statues et les bas-reliefs résument la vie de Jésus-Christ et de la sainte Vierge. L'Assomption qui surmonte l'autel est du XVIII⁰ siècle. Le jubé a malheureusement été détruit en 1772. Trois portails s'ouvrent au nord, au sud et à l'ouest et deux flèches gigantesques surmontent la cathédrale. Celle-ci est ornée à l'extérieur par des statues qui sont appliquées sur les tympans, dressées sur les parois, accrochées aux voussures. C'est tout un poëme, dont la conception est plus vaste que celle de l'*Iliade* ou de l'*Énéide*, car c'est

Chartres. — La cathédrale. Vue prise du pourtour. (A gauche, le clocher Neuf.)

l'histoire religieuse de l'univers depuis *la Genèse* jusqu'à *l'Apocalypse*, et chacune des statues, au nombre d'environ 700, en est une strophe. La dédicace de la cathédrale fut faite le 17 octobre 1260, sous la protection de la sainte Vierge, par Pierre de Maincy, soixante-seizième évêque de Chartres. Une église probablement construite en bois, et qui existait sur son emplacement, avait déjà été incendiée trois fois, lorsque l'évêque Fulbert, en 1020, s'adressa aux différents souverains de l'Europe, pour les engager à coopérer par leurs dons à la reconstruction de son église. Il est probable qu'on avait eu le projet de construire les deux clochers sur le même dessin, mais il n'y eut d'achevé que celui qui est appelé le clocher vieux. L'autre ne fut construit en pierre que jusqu'à une certaine hauteur, et fut terminé par une flèche en charpente et en plomb. Cette flèche fut incendiée le 25 juillet 1506 par le tonnerre, qui en tombant embrasa toute la charpente et fondit les six cloches qui y étaient suspendues. Cet accident détermina le Chapitre à la faire reconstruire en pierre, et ce fut Jean Texier, dit de Beauce, qui en fut chargé. Cette belle pyramide fut terminée en 1514; après avoir échappé, soixante ans plus tard, à un autre incendie, elle fut ébranlée en 1691 par un vent impétueux, qui la fit incliner d'une manière sensible; enfin elle fut rétablie en 1692, par Claude Augé, sculpteur lyonnais, qui l'éleva de quatre pieds plus haut. En 1836, pendant la nuit du 4 au 5 juin, le feu prit, par la négligence de deux ouvriers, à la toiture du bâtiment et en détruisit complètement la charpente. Les fonds nécessaires à sa réédification en fonte furent votés par les Chambres. Le clocher vieux de la cathédrale de Chartres a 111 mètres de haut et le clocher neuf 122. — Après la cathédrale mentionnons encore le palais épiscopal bâti en 1253; l'église de Saint-Pierre, autrefois église de la riche abbaye

Chartres. — Vieilles maisons, rue du
Cheval-Blanc.

de Bénédictins, dite *monastère du Saint-Père* et bâtie au Xe et au XIe siècles. Ses vitraux, des XIIIe au XVe siècles, sont de premier ordre; sa chapelle absidale est entourée d'émaux disposés en panneaux et représentant les douze apôtres. Ils sont l'œuvre de Léonard Limoussin et furent exécutés, de 1545 à 1547, aux frais de François Ier. En 1851, la ville a élevé à Marceau une statue en bronze par Préault. La place Marceau contient une pyramide, élevée en 1801, à la gloire du même héros. — On peut encore visiter à Chartres l'église de Saint-Aignan qui est principalement du XVe siècle, la chapelle de l'hôpital Saint-Brice, du XIIe siècle, Saint-André (XIe et XVe siècles), aujourd'hui convertie en magasins, Sainte-Foy, chapelle du XVe. — Les maisons anciennes sont nombreuses. Citons parmi les plus intéressantes : la maison de Loëns (XIIe siècle), la maison du médecin Claude

Saint-Piat.

Huvé (XVIe siècle), une maison du XIIe, non loin de la cathédrale, etc., etc.

Chartres était la capitale des *Carnutes*, le siège du collège des Druides : on considérait cette ville comme la principale de la Gaule Celtique. Sous les rois de la première race, elle fut plusieurs fois prise et pillée ; plus tard, les Normands la ravagèrent souvent et notamment en 858. Vers la fin du XIe siècle, elle eut des comtes héréditaires, qui le furent aussi de Blois, et qui devinrent comtes de Champagne. Le comté de Chartres passa ensuite dans la maison de Châtillon. Plus tard, Philippe le Bel l'ayant acquis, le donna au comte de Valois, son frère, et le roi Philippe de Valois le réunit à la couronne. Sous le règne de Charles VI, les Anglais s'emparèrent de la ville de Chartres, et la conservèrent jusqu'en 1432, époque à laquelle Dunois la leur enleva. Les protestants l'assiégèrent sans succès en 1568; Henri IV la prit en 1591, et s'y fit sacrer par l'évêque de cette ville trois ans après. Chartres fut érigé en duché par François Iᵉʳ en faveur de Renée de France, duchesse de Ferrare; il fut racheté en 1623 par Louis XIII, des mains du duc de Nemours, et devint ensuite apanage de la

Sous bois, entre Saint-Piat et Maintenon.

maison d'Orléans, dont le fils aîné porta le titre de duc de Chartres jusqu'à ce qu'elle fut montée sur le trône. Cette ville, occupée dès le 22 octobre 1870 par les Allemands, n'a été évacuée qu'un an après. — Commencer la sortie de Chartres par la place de la Gare. Prendre à droite, en descendant de la ville, vis-à-vis la gare, la rue Félibien, puis la promenade des Charbonniers, la place Drouaise, le faubourg Saint-Maurice et la rue d'Aligre. Continuant sous les arbres, passer sur un petit pont en bois, et plus loin, laissant un pont à droite en prendre un à gauche d'où l'on aperçoit l'église de **Lèves** (Souvenirs druidiques). S'élever au village en tournant à gauche, puis à droite, passant devant un débit de vins, descendre entre des murs un chemin qui joint la route à gauche. — Le premier village que l'on traverse est celui de **Saint-Prest** dont les maisons s'échelonnent le long de la route (église du XIIIᵉ siècle). Dans **Jouy**, on passe devant l'église, qui est du XVᵉ et l'on continue tout droit jusqu'à une ruelle à gauche. Passer un pont sur l'Eure et s'élever du côté de la voie ferrée, tourner ensuite à gauche et poursuivre sa route entre le chemin de fer et la jolie rivière de l'Eure jusqu'au village de **Saint-Piat**. A Saint-Piat, prendre à gauche le long de l'église (curieuse charpente, baptistère qui est un sarcophage du IVᵉ siècle), passer un pont sur l'Eure et tourner à droite. — Après un parcours de quelques kilomètres, on s'élève en côte sensible, mais sous de frais ombrages jusqu'à l'aqueduc, le parc et le château de **Maintenon**. (Voir à ce sujet l'Itinéraire XIV, page 118). Descendre à droite sur le pavé de la ville, passer le pont et tourner à gauche devant la jolie église de Saint-Pierre, suivre la rue Saint-Pierre et continuer droit devant soi jusqu'au village de **Pierres**. La route, toujours superbe, devient plantée d'arbres et offre une belle descente.

Église de Nogent-le-Roi.

— Avant d'arriver à Lormaye, on a laissé à sa droite un pont sur l'Eure, suivi d'une route qui conduit à Hanches. Lormaye est à peine franchi que l'on arrive au pavé de **Nogent-le-Roi** (Hôtel-Restaurant de *l'Étoile*). — Cette petite ville (1.573 hab.) était jadis une place de guerre importante; il reste des traces des anciennes portes, d'anciens murs et quelques maisons du XVIᵉ siècle. L'église qui est aussi du XVIᵉ contient des vitraux fort remarquables; quelques-uns sont maladroitement réparés, sans doute par le sacristain de l'endroit. Un kilomètre à peine nous sépare de Coulombs dont le château est précédé d'un beau portail en pierre du XIe siècle. — On quitte Nogent-le-Roi en passant devant l'église, puis en suivant la grand'rue jusqu'au pont et en prenant à gauche du pont la rue du Valmorin. On quitte ainsi le pavé et l'on

Coulombs. — Portail du XIe siècle.

poursuit tout droit sa route jusqu'à **Chaudon** (église du XIIe, XVe et XVIIe siècles). — Après avoir traversé Chaudon, tourner à droite, passer sur un pont, et vis-à-vis la grille d'un château, virer à gauche. C'est la route qui nous fait passer à **Mauzaise.** On s'éloigne un peu de l'Eure, mais ce chemin permet d'éviter une côte. — A **Charpont** l'on rejoint la rivière, on la quitte à **Mézières-en-Drouais** et on la franchit à **Cherisy** qui est le dernier village où l'on passe avant d'arriver à **Dreux.** (Voir, sur ces deux dernières localités l'Itinéraire XVIII, page 153). — De Dreux à Paris-Montparnasse, le prix est de 9^f,20 en 1re classe, 6^f,20 en 2e, et 4^f,05 en 3e classe. C'est la ligne de Granville à Paris. Un train express se dirige le soir sur Paris Saint-Lazare.

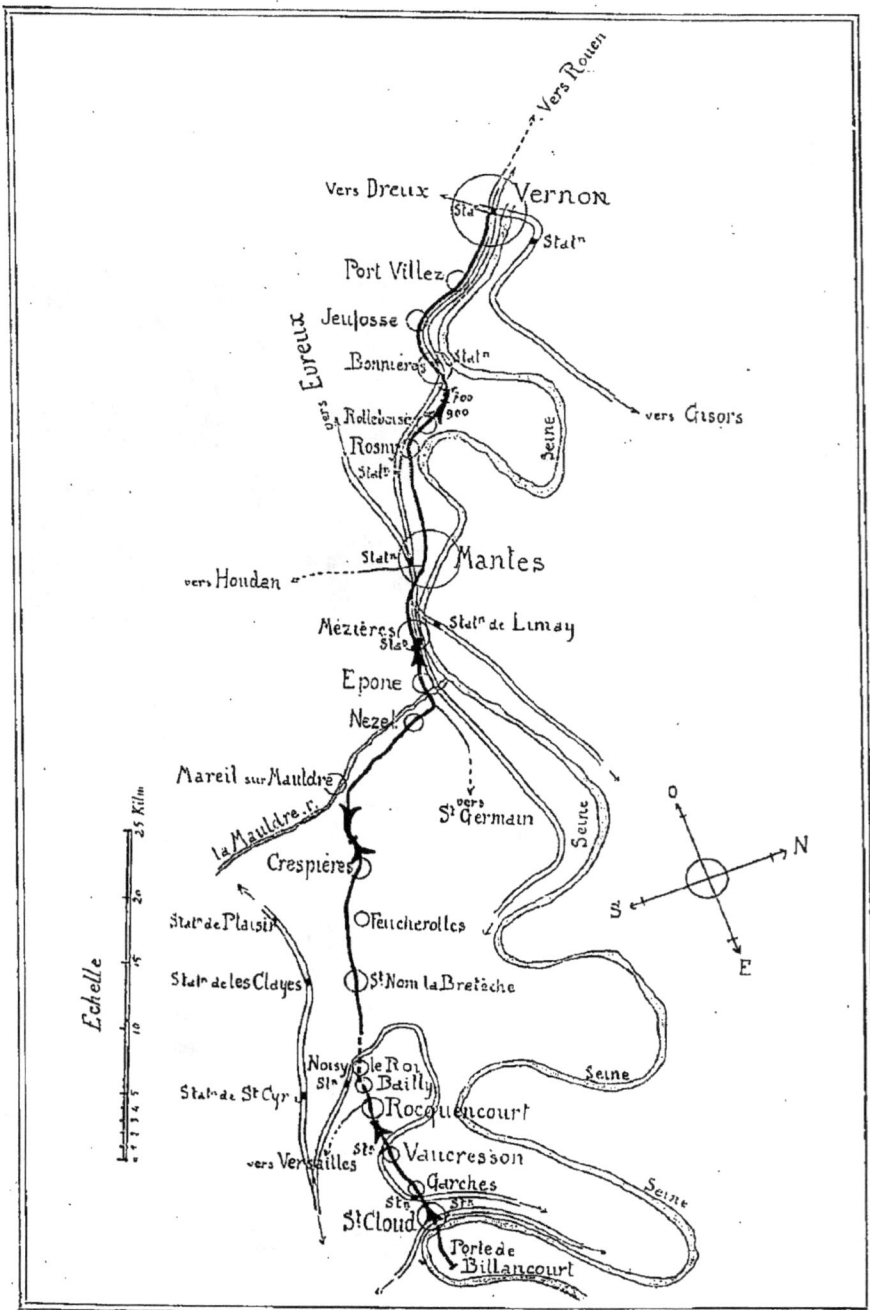

Vers Rouen

Vers Dreux — St. — Vernon

Stat.

Port Villez

Jeuﬂosse

Bonnières — Stat.

vers Gisors

Seine

vers Rollebaise — 600
900

Rosny

Stat.

vers Houdan — Stat. — Mantes

Stat. de Limay

Mézières — Stat.

Epone

Nezel

Mareil sur Mauldre

la Mauldre r.

vers St Germain

Seine

Crespières

O Feucherolles

Stat. de Plaisir

Stat. de les Clayes

O St Nom la Bretache

Echelle

25 Kilm

20

15

10

5
4
3
2
1

Noisy — le Roi
Stat. — Bailly

O Rocquencourt

Stat. de St Cyr

Seine

vers Versailles — Sté — Vaucresson

Garches

Sté — Stat.

St Cloud

Seine

Porte de Billancourt

O
S
N
E

PLAN DE L'ITINÉRAIRE XVI.

Dans la forêt de Marly.

ITINÉRAIRE XVI

Parcours : 80 kilomètres.

VERNON, JEUFOSSE, BONNIÈRES, ROSNY, MANTES, ÉPONE, NÉREL, MAULE, MAREIL-SUR-MAULDRE, CRESPIÈRE, FEUCHEROLLES, SAINT-NOM-LA-BRETÈCHE, NOISY-LE-ROI, BAILLY, ROCQUENCOURT, VAUCRESSON, GARCHES, SAINT-CLOUD, PARIS.

(Paris-Saint-Lazare à Vernon : 1ʳᵉ classe, 8ᶠ, 95 ; 2ᵉ, 6ᶠ, 05 ; 3ᵉ classe, 3ᶠ, 95. — Service de voitures.) **Vernon**, 8.500 habitants (Hôtels du *Soleil d'Or*, d'*Évreux*, du *Lion d'Or*. — Mécanicien : Difontaine), à part sa situation assez pittoresque sur les rives de la Seine, n'offre rien de bien particulier. (Voir l'Itinéraire XVIII, pages 152 et suiv.). On sort de la ville par le boulevard qui longe la Seine, sur la rive gauche, et qui se continue par la route de Mantes. Après la sortie de la ville, la route est pavée sur une longueur de quelques centaines de mètres, mais le bas-côté très large permet de rouler facilement. — On traverse le petit village de Port-Villers aux environs duquel on découvre une très jolie vue sur la vallée de la Seine ; on passe dans **Jeufosse** (église du XIIIᵉ et XVIᵉ siècles, contenant des vitraux anciens) situé en bas de la montagne et l'on arrive bientôt avec le pavé aux premières maisons de **Bonnières**. — La traversée de Bonnières se fait entièrement sur un pavé assez mauvais (Hôtel de la

Poste). A la sortie de la ville, on laisse à gauche le petit chemin qui conduit à Freneuse et à la Roche-Guyon et l'on suit tout droit la grand'route jusqu'au bas d'une côte assez raide (800 mètres). Parvenu en haut de la côte, ne pas changer d'allure, car dès que l'on passe devant les trois petites guinguettes du sommet, com-

Forêt de Mantes.

mence la grande descente de Rolleboise en pente excessivement rapide (800 mètres environ). Au bas de la descente, la route redevient plane et continue jusqu'à **Rosny**. La traversée de Rosny se fait également sur un mauvais pavé (voir pour le parcours de Bonnières à Épône l'Itinéraire XIII, pages 108 et suiv.). — La route se continue entre les arbres de la forêt de Rosny et quelques kilomètres plus loin on arrive à **Mantes** (Hôtel du *Soleil d'Or*, et du *Rocher de Cancale*). (Voir pour les curiosités de la ville l'Itinéraire XIII, page 111). A la sortie de Mantes, la route descend en tournant et remonte bientôt sur la gauche pour continúer, en passant par Mé-

Bords de la Mauldre.

zières, jusqu'à **Épône**. Un peu après Épône, à la première croisée de routes en face d'une petite auberge, prendre à **droite** la petite route de Nérel qui conduit dans la vallée de la Mauldre. Jusqu'à Mareil-

Feucherolles.

sur-Mauldre, la route est assez vallonnée, mais il n'y a pas à proprement parler de côte. — La Mauldre est une petite rivière de 30 kilomètres environ et dont le courant est assez fort pour servir de force motrice à plusieurs usines. Deux ruisseaux s'y jettent, le rû de Gally (19 kilomètres) et le Rû Mal droit (8 kilomètres).

On traverse successivement plusieurs villages, **Nézel**, **Maule**,

Entre Garches et Vaucresson.

sur la droite, dont l'église date en partie du XI° siècle. A voir aussi les fonts baptismaux qui sont du XVI° siècle, et une maison Renaissance, ornée de tourelles. Non loin se trouve un vieux château du temps de Louis XIII avec d'immenses souterrains voûtés du XIII° siècle. — Pour arriver au bourg de **Mareil-sur-Mauldre**, on quitte la vallée de la Mauldre pour monter, à gauche, la grande côte de Crespières (1.200 mètres). — Mareil-sur-Mauldre (3.000 habitants) (Auberge Coignard) possède une église qui fut commencée au XII° siècle et qui renferme une remarquable statue de la Vierge.

Il existe aussi, mais en dehors du parcours, une tour en ruine, ayant appartenu à un ancien château. A la sortie de Mareil, la côte est fort pénible, et les cyclistes peu exercés pourront en la montant à pied se retourner fréquemment pour admirer les points de vue que l'on découvre sur le vallon de Crespières et la vallée de la Mauldre. En haut

Haras à Garches.

de la côte, la route devient boisée, et avant d'atteindre **Crespières** dont les maisons se trouvent moins sur la droite, elle descend rapidement pendant 500 mètres environ (Auberge). A partir de ce moment, les côtes deviennent plus fréquentes. Presque aussitôt la sortie de Crespières, il faut gravir plusieurs croupes avec lesquelles commence le pavé. Néanmoins il y a des trottoirs, suffisamment véloçables en temps ordinaire. Après Crespières, lorsqu'on est

Descente de Montretout.

arrivé à une cantine qui se trouve sur la croisée de la route de Poissy,

Porte Saint-Antoine à Trianon.

on peut tourner à gauche, monter la côte très dure de **Feucherolles,**

Vaucresson. — Passage à niveau.

rejoindre le village de Saint-James et entrer dans la forêt de Marly par la porte de Saint-James. (De Saint-James à Rocquencourt voir pages 93 et suiv.). En haut de Feucherolles la vue est splendide sur toute la vallée. — Les cyclistes qui désireraient suivre un itinéraire plus court, mais beaucoup moins ombragé, pourront suivre la route, après la cantine, tout droit jusqu'à **Saint-Nom-la-Bretèche** (café

Accident.

Girard). Cette route est pavée avec bas-côtés. On traverse ensuite **Noisy-le-Roi**, puis 1.500 mètres de pavé. **Bailly**, ensuite la route macadamisée nouvellement refaite et **Rocquencourt**. — A Bailly, on laisse à gauche la porte dite de Maintenon, l'une des grandes portes de la forêt de Marly. A Rocquencourt, on laisse à gauche la route de Marly et de Saint-Germain, à droite la route de Trianon et de Versailles et l'on continue tout droit jusqu'à la première fourche. A ce moment, prendre à gauche, monter la côte et suivre l'itinéraire Vaucresson, Garches, Saint-Cloud et bois de Boulogne. (Pour cette fraction, voir l'Itinéraire VI, pages 45 et suivantes.)

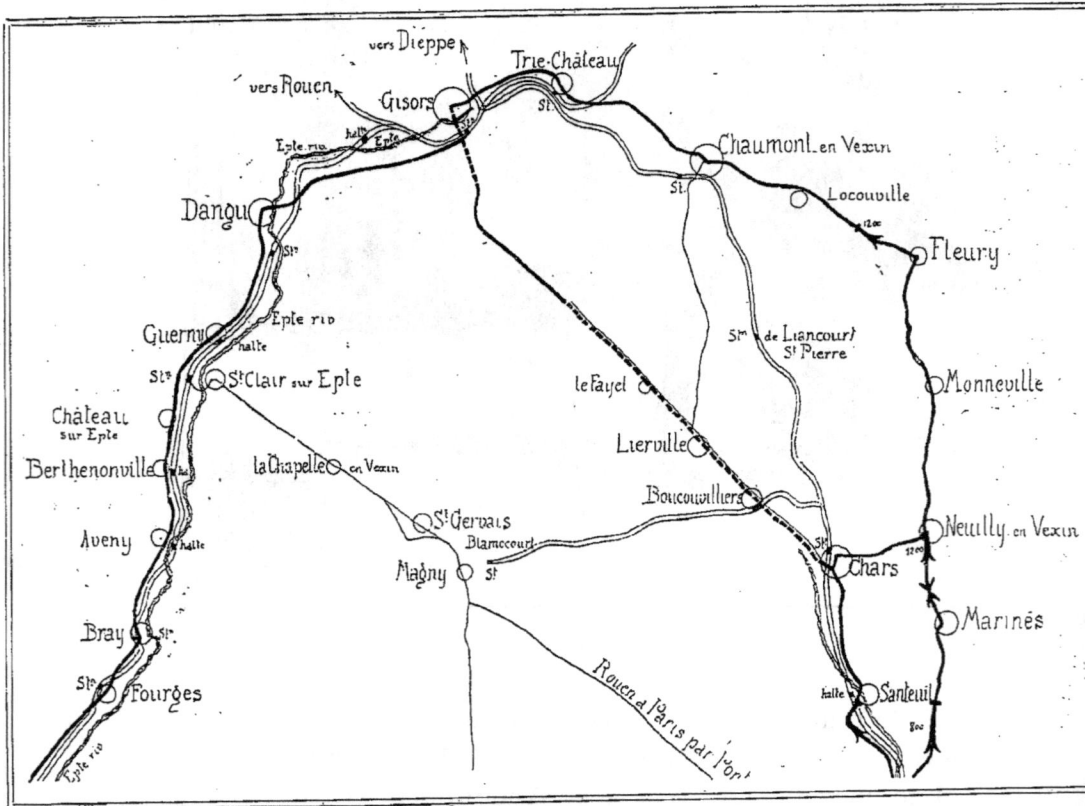

vers Dieppe

Trie-Château

vers Rouen

Gisors

Chaumont en Vexin

Epte riv

halte Epte

St

Locouville

Dangu

St

Fleury

Guernu

Epte riv

halte

St

St de Liancourt
St Pierre

Château
sur Epte

St Clair sur Epte

le Fayel

Monneville

Berthenonville

la Chapelle en Vexin

Lierville

Aveny

St Gervais

Boucouvilliers

Neuilly en Vexin

Blamccourt

St

Magny

St

Chars

Marinés

Bray

St

St

Fourges

Rouen à Paris par l'Port

Epte riv

halte

Santeuil

PLAN DE L'ITINÉRAIRE XVII. — (Pour la continuation des routes voir le plan de l'Itinéraire XIII qui fait suite.)

Vallée de la Seine, entre Gasny et La Roche-Guyon.

ITINÉRAIRE XVII

Parcours : 83 kilomètres.

Pontoise, Vallée de la Viosne : (Osny, Montgeroult, Us), Chars, Gisors, Vallée de l'Epte, Gasny, la Roche-Guyon, Bonnières.

Le prix en chemin de fer du trajet de Paris gare du Nord à Pontoise est de 3ᶠ,55, en 1ʳᵉ classe, 2ᶠ,65 en 2ᵉ et de 1ᶠ,95 en 3ᵉ classe. — On peut s'y rendre également en partant de la gare St-Lazare ; en ce cas, le trajet dure environ une demi-heure de plus. Les prix sont les mêmes que par le Nord.

En sortant de la gare à **Pontoise** (voir sur cette localité l'Itinéraire VII, page 59), suivre la grande avenue et prendre de suite à gauche la rue Carnot d'où l'on débouche sur la place Notre-Dame. Après avoir suivi la rue de Rouen et la rue des Patis, quitter le pavé pour arriver à l'autre bout de la ville sur la route qui descend dans la pittoresque vallée arrosée par la Viosne. La petite rivière de la Viosne n'a que 26 kilomètres de longueur avant de se jeter dans l'Oise. Sa vallée, assez faiblement accidentée, est très facilement vélocable et les routes y sont toujours très bien entretenues. Poteaux indicateurs presque partout. Il est nécessaire de les consulter souvent, car la vallée n'étant desservie que par une route de grande communication, tous les chemins bifurquant sont sensiblement de la même largeur et créent par suite confusion. Avant

10

d'arriver au premier village, Osny, petite côte et petite descente.

Ferme près Pontoise.

(Église du XIII° siècle. Curieux chapiteaux. Cette église est pavée.) Un autre mamelon (montée et descente) doit être franchi après avoir passé le chemin de fer. Durant toute l'excursion d'ailleurs, la route croise et recroise souvent la voie ferrée, et il est assez utile de noter au passage les échappées sur les petites rivières de la Viosne et de l'Epte. En sortant d'Osny, on descend insensiblement jusqu'à Boissy-l'Aillerie, joli village pittoresquement construit sur la Viosne. — La route suit à ce moment le côté droit de la voie, au milieu d'une verdure fraîche et délicieuse. Après quelques vallonnements, on arrive à Montgeroult, dont le château, juché en haut de la colline, domine toute la route. Montgeroult, très petit vil-

Entrée d'Osny.

lage de 297 habitants, est peut-être le point le plus pittoresque de la vallée tout entière. Deux montées assez fortes et l'on arrive, après une

Église d'Osny.

croisée de route, à l'entrée d'Us, laissant sur sa gauche le joli village d'A-
bleiges. — Prendre l'une des deux routes à gauche, traverser la voie
avant d'arriver dans le village d'Us. (Café de *la Gare*.) Tourner à droite,

Montgeroult.

passer à côté d'un couvent qu'on laisse
sur sa gauche et sui- vre tout droit jusqu'à
la première fourche où l'on oblique à gauche. Petite côte assez dure à monter avant
Santeuil. En pas- sant à Brignan-
court une descente amène jusqu'aux
premières mai- sons de Chars
(pavé). — Avant d'arriver à
Chars, la vallée s'élargit un peu
et perd de son caractère. Visiter l'église, monument historique des XIIe et XIVe siècles. De
l'église, si l'on veut prendre le
plus court jusqu'à Gisors, suivre la
route nationale (en face de l'église) de
Paris à Dieppe. A la sortie de Chars,
côte assez dure de 400 mètres et ensuite 11 kil. 1/2 de route pavée avec

bas-côtés très médiocres, tantôt macadamisés, tantôt gazonnés. La route est pavée jusqu'à environ 5 kilomètres de *Gisors,* après avoir traversé Lierville et le Fayel. Elle se termine par une descente très rapide de 1.200 mètres environ qui débouche aux premières maisons de Gisors et à la station du chemin de fer. Il est de beaucoup préférable, soit 1° avant l'entrée d'Us de tourner à droite et de se diriger sur Marines (côtes 1.800 mètres) (Hôtel du *Poisson Marin.*) Château du XVI° siècle.— A l'entrée du bourg, prendre la rue pavée à droite, puis la première à gauche, traverser la place et continuer jusqu'à Neuilly-en-Vexin. (Descente, puis côte de 1.200 mètres), soit 2° à Chars, de tourner à droite par l'église et de prendre le chemin de Neuilly, par une côte asse dure. De Neuilly-en-Vexin, limite du département de Seine-et-Oise, or passe deux côtes et l'or atteint le village de Mon neville. Puis très joli descente jusqu'à la rivièr la Troesne. Continuer l

Chars.

route et, près de Fleury, prendre le premier chemin à gauche. Aprè Loconville côte de 1.200 mètres et l'on arrive à Chaumont-en-Vexi (hôtels du *Grand-Cerf,* du *Grand-St-Nicolas.* — Mécanicien : Chéron. — Dès la grand'rue traversée, la route descend dans la vallée qu l'on suit facilement. Après Trye-Château (hôtel de l'*Écu*), monter l côte (500 mètres) et l'on arrive aux premières maisons de **Gisors** (hôte de l'*Écu de France,* du *Cygne*). Gisors qui possède environ 4.400 habi tants, portait le nom de *Gisortium* du temps des Romains. Gisor était dans le moyen âge la capitale du Vexin normand; les rois d France et d'Angleterre s'en disputèrent la possession jusqu'en 119 où une trahison la livra à Philippe II. En 1346, Édouard III la brûla,

L'Epte à Gisors.

n'ayant pu prendre le château. Le domaine de Gisors, constitué tan-

tôt en comté, tantôt en duché, appartint successivement à Blanche de Castille,
à Blanche d'Évreux, à Renée
de France. C'est à la mère de
saint Louis qu'on doit l'église
paroissiale, un des monu-
ments les plus curieux de la
basse Normandie. Cette église
remarquable est des XIII°,
XIV° et XV° siècles.

On voit aussi à Gisors sur
un vaste emplacement en-
touré de verdure, les ruines
imposantes de son châteaufort. Des restants de la tour
dite « du Prisonnier » offrent des vestiges de curieuses

Gisors. — Vue de l'Église.

sculptures. On raconte que ces ornements auraient été faits par un prisonnier légendaire à l'aide d'un simple clou. Dans la cour une partie du château a été transformée en halle. Devant le château, statue monumentale du général de Blanmont qui a donné son nom à la place d'où part la route de la vallée de l'Epte. — A la sortie de Gisors, prendre à gauche la route qui descend doucement jusqu'à l'usine, avant d'arriver aux maisons de Neauphle-Saint-Martin. Après avoir passé le moulin, suivre la route qui arrive après quelques centaines de mètres à une fourche. Laisser à droite la route qui conduit aux Andelys et s'engager dans le chemin de gauche qui suivra toute la vallée de l'Epte presque sans aucun vallonnement ni côte jusqu'à Gasny. — La route traverse plusieurs fois la voie du chemin de fer et s'engage dans des sous bois arrosés par la charmante petite rivière de l'Epte. En plusieurs endroits, la rivière offre de ravissants points de vue soit sous les arbres qui la bordent et l'enveloppent soit aux approches de

Dangu.

nombreuses usines auxquelles son courant fournit la force motrice. On traverse successivement Dangu (Hôtels *Gladiateur* et Guérault) très beaux pâturages et haras. — Bordeaux-St-Clair (Hôtel de *la Gare* Allard) est situé en face de Saint-Clair-sur-Epte, célèbre au moyen âge par le traité de 912 conclu entre Rollon et Charles le Simple. C'est cette époque que fut créé le duché de Normandie qui devint depuis l'une des plus florissantes provinces de la France. Par Berthenonville, Baudemont et Fourges, on arrive à **Gasny**. — Tourner à gauche et suivre la route de La Roche-Guyon. A la sortie de Gasny, on franchit pour la dernière fois l'Epte et, après avoir dépassé les arbres, o arrive à une guinguette au pied de laquelle commence la grande côte de la montagne qui sépare la vallée de l'Epte de celle de la Seine (1.200 mètres). Cette côte entièrement dénudée sur ce versant est particulièrement pénible au milieu de la journée par le soleil. Du haut de la côte, on découvre un panorama splendide sur la vallée de la Seine. Devant soi la Roche-Guyon, à droite Freneuse et Bonnières, à l'horizon la grande côte de Rolleboise. — La route descend immédiatement (1.400 mètres) et arrive après des lacets en corniche jusqu'aux premières maisons de **La Roche-Guyon**. (Hôtel-restaurant de la *Maison-Rouge*.) Cette descente est particulièrement dangereuse. En haut du village se trouvent les ruines d'un antique donjon (XIIᵉ siècle), au-dessous duquel s'étage un

La Roche-Guyon.

superbe château de construction plus récente appartenant à la famille de La Rochefoucauld. — Prendre à droite la route qui mène à un beau pont suspendu (péage 5 centimes). Après le pont sur lequel on a une très jolie vue des berges de la Seine, la route est ombragée sur un parcours de quelques centaines de mètres, puis elle se trouve brusquement en plaine jusqu'à Freneuse, qu'on traverse pour suivre ensuite tout droit jusqu'à la ligne de chemin de fer et continuer à droite jusqu'aux premières maisons de **Bonnières**. (Hôtel-restaurant de *la Poste*. — Mécanicien : Saint-Denys.) (Voir pour le tarif du trajet de Bonnières à Paris en chemin de fer, l'Itinéraire XIII, page 111).

Dreux. — La Grand'Rue.

ITINÉRAIRE XVIII

Parcours : 104 kilomètres.

Neauphle-le-Chateau, Montfort-l'Amaury, Houdan, Goussainville, Cherisy, Dreux, Vallée de l'Avre, Sorel, Anet, Oulins, Chaussée-d'Ivry, Ivry-la-Bataille, Bueil, Pacy-sur-Eure, Vernon.

Ce parcours peut se faire sans beaucoup de difficultés, car il y a très peu de côtes. La route est très belle sauf peut-être les bas côtés de la route nationale de Gros-Rouvre à Houdan. (Paris-Montparnasse à Villiers-Neauphle : 4ᶠ,50 en 1ʳᵉ classe, 3ᶠ en 2ᵉ, 1ᶠ,95 en 3ᵉ classe. — Service de voitures.)

Prendre la grand'route jusqu'auprès de la station du chemin de fer de la ligne de Granville, de **Montfort-l'Amaury**. Là, tourner à gauche, laisser à droite le village de Gallins et monter la côte assez douce et ombragée qui mène à Montfort-l'Amaury (Hôtel des voyageurs) (voir, pour les curiosités de cette ville, l'itinéraire VIII, pages 67 et suiv.) où nous avons omis d'indiquer que le chemin du cimetière est le deuxième à droite sur la grand'rue ; ce chemin s'élève par une côte assez dure ; l'entrée se trouve à main gauche. — Si l'on termine sa visite à Montfort par celle des ruines, comme il est logique, puisqu'elles se trouvent au sommet du pays, prendre à la fourche la route de droite qui conduit, sur un parcours assez accidenté, au village de **Gros-Rouvre**. Ravin, dont 800 mètres de descente et 600 mètres de montée. Après Gros-Rouvre, la route moins mouvementée traverse un joli paysage d'où l'on découvre de fréquentes échappées sur la plaine et un bois d'où l'on sort bientôt pour rejoindre la grande route quittée à Gallins. — A ce moment, la route nationale,

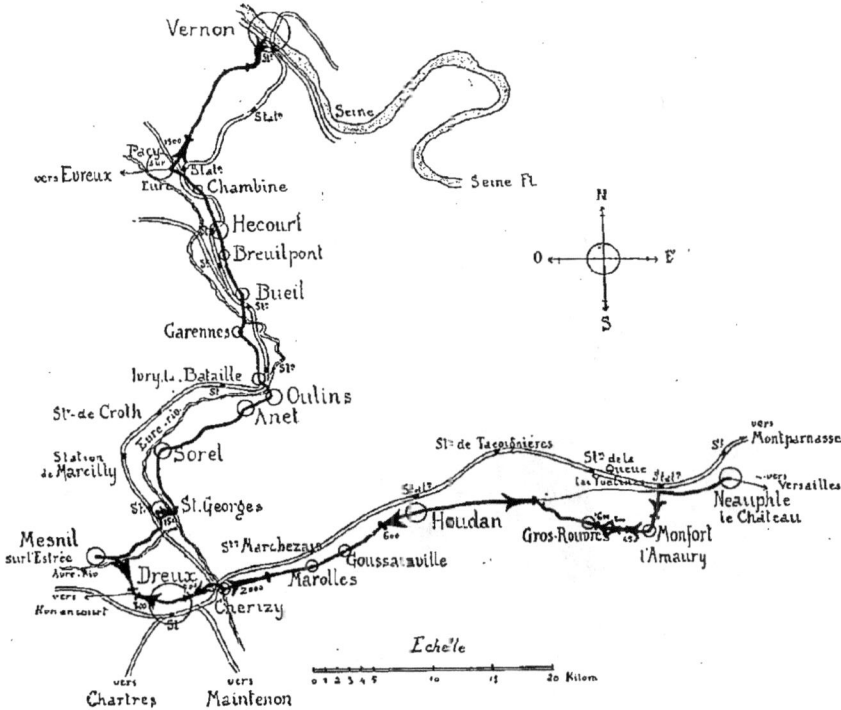

PLAN DE L'ITINÉRAIRE XVIII.

pavée et accidentée, a des bas côtés véloçables mais pourtant assez mauvais et qui se continuent presque jusqu'à Houdan. — Après une descente, on arrive au bourg de **Maulette** après la traversée duquel on se dirige vers Houdan par une route bien macadamisée, assez semblable à une avenue de grande ville. — A **Houdan**, 2.000 habitants (Hôtel-Restaurant du *Plat d'Étain*), la traversée de la ville est pavée et assez mal entretenue. Après les deux petits cafés reconnaissables à leurs panonceaux de l'U. V. F., prendre, à la fourche, la route de droite, rue de Paris, jusqu'à la sortie de la ville. (On peut auparavant visiter l'église, qui est gothique, à vantaux sculptés du XVIᵉ siècle, puis un Donjon à tourelles du XIIᵉ et une maison en bois du XVIᵉ.) — A la sortie de Houdan, côte de 600 mètres au sommet de laquelle, en se retournant, on découvre une jolie vue sur la

Église de Goussainville.

ville. Continuer tout droit la route nationale où l'on rencontre aussitôt un très mauvais pavé, mais qui ne dure que 200 mètres. Il y a aussi un trottoir, assez médiocre d'ailleurs. — Aussitôt après, la route devient, par la belle saison, excellente. On traverse le village de **Goussainville** (église assez belle de la Renaissance et ferme de la Grange des Noues, établie dans un ancien couvent), le bourg de Marolles (café de *l'Union*), le hameau de la Mésangère. A ce moment la route bifurque. Continuer par la route nouvelle, à gauche, et descendre entre deux talus la pente qui arrive doucement après

deux kilomètres au bas de la vallée de l'Eure, au village de **Cherisy**.
— Un détail en passant : Le village de Cherisy est entièrement neuf.
Les habitants, aidés de quelques francs-tireurs, ayant fait disparaître
en 1870 plusieurs soldats prussiens, furent menacés de voir leur village
incendié si les attentats recommençaient. Comme ils ne tinrent pas
compte de cette observation, les ennemis arrivèrent en nombre,
munis de pétrole, et mirent le feu aux quatre coins du village. —

L'Eure à Cherisy.

Laissant Cherisy, dominé par son eglise, à main gauche on traverse
le pont sur l'Eure, et l'on arrive presque aussitôt au bas d'une côte
assez dure amenant au passage à niveau qui marque l'entrée de la
ville de **Dreux** (700 mètres). Prendre à gauche la rue des Gaults,
puis la rue Métézeau et l'on arrive sur la place de ce nom vis-à-vis
l'hôtel de ville de Dreux. — Dreux, 9.500 habitants (Hôtel-Restaurant du Paradis), est situé dans la vallée de la Blaise. — A visiter :
l'église St-Pierre, monument des XIIIᵉ et XVᵉ siècles. La façade
présente un beau portail ogival dont les sculptures ont été malheureusement mutilées à l'époque de la Révolution. La tour située à
droite du portail n'a jamais été achevée. Les vitraux, du XVIᵉ
siècle, sont de Courtois et très remarquables, quelques-uns restaurés.

Une des chapelles contient des peintures historiques. A remarquer aussi, à droite en entrant, un curieux bénitier du XIIe siècle, puis le buffet d'orgues (1614), les stalles, la chaire, etc. Le haut de la ville possède les ruines d'un 'château comtal, démantelé en 1593, entourées de massifs de verdure. On y voit aussi la chapelle royale destinée à la sépulture des membres de la famille d'Orléans. Le dernier inhumé a été le duc de Nemours, le 1er juillet 1896. Cette chapelle contient les restes de la duchesse de Bourbon-Condé, mère du duc d'Enghien, ceux du duc de Penthièvre, de la princesse Marie, duchesse de Wurtemberg, de Mlle de Montpensier, des enfants du prince de Joinville et du duc d'Aumale. — Les vitraux furent exécutés d'après les cartons de Rouget, Delacroix, H. Vernet, Flandrin, etc. Le grand caveau, situé sous la coupole contient douze tombeaux,

Dreux. — L'Hôtel de Ville.

dont, au centre, celui de Louis-Philippe et de la reine Marie-Amélie, groupe en marbre par Mercié. L'hôtel de ville, qui date de 1537, est un ancien donjon du commencement de la Renaissance, d'un caractère architectural fort intéressant. La ville de Dreux est fort ancienne; son territoire formait, lors de l'invasion des Romains, le pays des Durocasses. Les Anglais s'emparèrent de Dreux en 1188 et l'incendièrent. En 1562, les catholiques et les calvinistes s'y livrèrent l'une des plus sanglantes batailles qu'ait jamais produit guerre civile. En 1593, Henri IV s'empara de Dreux après dix-huit jours de siège. Les murailles furent rasées, et Dreux perdit de son importance politique. — Pour sortir de Dreux, prendre la route qui monte en laissant à droite la chapelle d'Orléans (côte 800 mètres). La route traversant un hameau descend vers le passage à niveau de la ligne de Granville. A ce moment et au milieu de la descente, prendre à droite le chemin qui conduit en lacet vers la vallée de l'Avre par une descente assez longue et assez rapide. On laisse à gauche, après avoir traversé un petit pont sur l'Avre, le chemin qui conduit, à quelques centaines de mètres de là, à l'imprimerie Firmin-Didot au Mesnil-sur-l'Estrée, et à l'agglomération d'habitations d'ouvriers et de fermes qui en dépendent. Suivre à droite le chemin de Muzy et de Saint-Georges. A ce moment tourner à droite

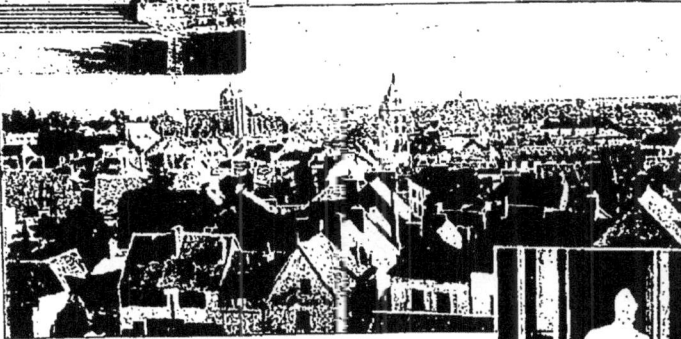

Dreux. — La chapelle des princes d'Orléans. — Vue générale de la ville. — Tombeau de Louis-Philippe et de Marie-Amélie.

et franchir l'Eure. Au bout du pont, on prend à gauche une petite route charmante qui suit les méandres délicieusement ombragés le long de la vallée. — Après quelques kilomètres charmants à parcourir, on arrive à un petit raidillon très dur sur la droite (200 mètres), au haut duquel on se trouve bientôt sur la route qui conduit à **Sorel-Moussel**. Sur la gauche, on découvre constamment de magnifiques points de vue sur la vallée, entrecoupés par des usines. Traverser Sorel, au milieu duquel se trouve une petite place avec, au centre, la statue d'Ambroise Firmin-Didot. — Aussitôt les dernières maisons passées, la route s'élève un peu pour quitter la vallée et se diriger sur le plateau, jusqu'à **Anet**. — Arrivé dans le

bourg, prendre à gauche la première rue qui conduit au château, fameux dans l'histoire. Cette demeure royale fut construite en 1552 par Philibert Delorme sur les ordres de Henri II, qui le destinait à Diane de Poitiers. La décoration splendide du château est due à Jean Goujon, Germain Pilon et Jean Cousin. La grande porte d'entrée, en forme d'arc de triomphe, a été reproduite par un moulage qui se trouve à l'école des Beaux-Arts de Paris. A remarquer

Château d'Anet.

aussi l'escalier, la chapelle, en forme de croix grecque, le péristyle, etc. — Après avoir passé devant le château, on se trouve sur une belle place bordée par des avenues ombragées. Laisser la ville à gauche et noter, aussitôt après le château, une vue étendue à gauche sur la vallée de l'Eure. La route, très bien entretenue, continue sur **Oulins** (Église ancienne dont le cintre en bois est revêtu de peintures représentant le firmament). — Après Oulins, on suit la vallée de l'Eure, et l'on traverse bientôt le chemin de fer pour arriver à **Ivry-la-Bataille**. — Ivry était au XIe siècle une place forte et fut le théâtre d'une entrevue entre Louis VII le Jeune et Henri II, roi d'Angleterre. Prise d'assaut par Talbot, en 1418, elle était de nouveau assiégée par les Anglais, sous Charles VII; mais la place fut reprise par Dunois qui la démantela (1449). Les plaines d'Ivry doivent surtout leur renom historique à la célèbre bataille qu'y gagna Henri IV sur les ligueurs en l'an 1500. — La route suit l'Eure

Portail du château d'Anet.

sur sa rive gauche jusque près d'arriver à **Bueil**. Traverser la voûte du chemin de fer et tourner immédiatement à gauche pour arriver aux premières maisons de Bueil, grand embranchement de la ligne de l'Ouest. Continuer tout droit la route qui, légèrement vallonnée, traverse les villages peu intéressants de Breuilpont, Hécourt, Chambine, pour arriver bientôt après à **Pacy-sur-Eure**, gros bourg pittoresquement situé sur l'Eure (Hôtel-Restaurant du *Soleil d'Or*. — Mécanicien : Lembois). Avant d'arriver à Pacy-sur-Eure, la route est flanquée à gauche d'une foule de petits chemins qui, au bout de quelques dizaines de mètres, mènent droit aux berges de l'Eure d'où l'on a de charmants paysages ombreux et verdoyants. — Pour sortir de Pacy, dépasser la station du chemin de fer et, après le pont, prendre de suite à gauche la route qui monte pendant 1.500 mètres environ pour aboutir à l'entrée de la forêt de Pacy. Continuer tout droit la route très agréablement ombragée. — On laisse sur la droite le village de Douaires, à gauche Boisset-Hennequin, et après quelques vallonnements assez peu sensibles, on arrive à la forêt de Bizy située sur le plateau au bas duquel on arrivera bientôt à **Vernon**. — Au milieu de la forêt se trouve le village de Bizy que l'on laisse à gauche et bientôt commence la grande descente de 2.500 mètres, assez rapide et caillouteuse, qui arrive à Vernon. Cette petite ville, importante au moyen âge, fut conquise par les Anglais et reprise en 1449. Son église vaut d'être visitée. Pendant la guerre franco-allemande, les Prussiens bombardèrent Vernon pour punir les habitants d'avoir fait sauter le pont. (Vernon à Paris-Saint-Lazare : 1ʳᵉ classe, 8ᶠ,95; 2ᵉ, 6ᶠ,05; 3ᵉ classe, 3ᶠ,95. — Service de voitures.)

Bords de l'Eure.

RESTAURANTS ET MÉCANICIENS

ABLIS (Seine-et-Oise), 1.006 hab. — 🚂. — 📧. — ☎. — Restaurant de la Croix-Blanche.

ACHÈRES (Seine-et-Oise), 801 hab. — 🚂. — 📧. — ☎. — Au village, Restaurant, Descaves. — A la gare, Restaurant de la gare d'Achères, Raiguenet. — Mécanicien, Descaves.

AMBLAINVILLE (Oise), 870 hab. — 🚂. — 📧. — ☎. — Restaurant, Café du Nord.

ANDEVILLE (Oise), 1.251 hab. — 📧 —.☎.

ANDRÉSY (Seine-et-Oise), 1.256 hab. — 🚂. — 📧. — ☎. — Hôtel-Restaurant des Barreaux Verts. — Hôtel-Restaurant, Ozeray.

ANET (Eure-et-Loir), 1.431 hab. — 🚂. — 📧. — ☎. — Hôtel-Restaurant de Diane. — Mécanicien, Allain.

ANGERVILLE (Seine-et-Oise), 1.588 hab. — 🚂. — 📧. — ☎. — Hôtel-Restaurant de France. — Hôtel-Restaurant des Voyageurs. — Mécanicien, Christophe.

ARGENTEUIL (Seine-et-Oise), 13.339 hab. — 🚂. — 📧. — ☎. — Hôtel-Restaurant du Chalet Rustique. — Mécanicien, Ferry.

ARPAJON (Seine-et-Oise), 2.970 hab. — 🚂. — 📧. — ☎. — Hôtel-Restaurant du Lion d'Argent. — Hôtel-Restaurant de la Fontaine. — Mécanicien, Lemareschal.

ATHIS-MONS (Seine-et-Oise), 1.591 hab. — 🚂. — 📧. — ☎. — Restaurant aux Délices des Pêcheurs.

AULNAY-LES-BONDY (Seine-et-Oise), 1.306 hab. — 🚂. — 📧. — ☎. — Hôtel-Restaurant Jeanne d'Arc.

AUNEAU (Eure-et-Loir), 1.850 hab. — 🚂. — 📧. — ☎. — Restaurant Hôtel de France. — Mécanicien, Charrier.

11

AUNEUIL (Oise), 1.402 hab. — 🖼. — ▣. — ⛟. — Hôtel-Restaurant du Cheval Noir.

AUVERS-SUR-OISE (Seine-et-Oise), 2.063 hab. — 🖼. — ▣. — ⛟ — Restaurant, Chennevière.

BALLANCOURT (Seine-et-Oise), 1.370 hab. — 🖼. — ▣. — ⛟ — Hôtel-Restaurant, Lacoste.

LA BAZOCHES-GOUET (Eure-et-Loir), 2.008 hab. — 🖼. — ▣. — ⛟. — Hôtel-Restaurant du Chemin de fer.

BEAUMONT-LES-AUTELS (E.-et-L.), 8.200 hab. — 🖼. — ▣. — ⛟. — Hôtel-Restaurant de la Croix d'Or.

BEAUMONT-SUR-OISE (S.-et-O.), 3.099 hab. — 🖼. — ▣. — ⛟. — Hôtel-Restaurant des 4 Fils Aymon. — Hôtel-Restaurant du Paon.

BELLEVUE (Seine-et-Oise), 500 habit. — 🖼. — ▣. — ⛟. — Hôtel-Restaurant de la Gare. — Hôtel-Restaurant du Rocher des Bruyères.

BESSANCOURT (Seine-et-Oise), 1.009 hab. — 🖼. — ▣. — ⛟. — Restaurant des Vendanges de Bourgogne.

BÉTHISY-SAINT-PIERRE (Oise), 1.692 hab. — 🖼. — ▣. — ⛟. — Hôtel-Restaurant de la Vieille Bouteille.

BEZONS (Seine-et-Oise), 2.406 habit. — ▣. — ⛟. — Restaurant de la Poule d'or.

BIÈVRES (Seine-et-Oise), 1.087 hab. — 🖼. — ▣. — ⛟. — Hôtel-Restaurant du Chariot d'or.

BONNIÈRES (Seine-et-Oise), 1.033 hab. — 🖼. — ▣. — ⛟. —. Hôtel-Restaurant de la Poste. Mécanicien, Saint Denys.

BOUGIVAL (Seine-et-Oise), 2.823 hab. — 🖼. — ▣. — ⛟. — Hôtel-Restaurant Piguon. — Hôtel-Restaurant de Madrid. — Mécanicien, Blassicaux.

BOURAY (Seine-et-Oise), 647 hab. — 🖼. — ▣. — ⛟. — Mécanicien, David.

BRESLES (Oise), 2.197 hab. — 🖼. — ▣. — ⛟. — Hôtel-Restaurant Vasselle.

LA BRETÈCHE (Seine-et-Oise). — Hôtel-Restaurant de la Glycine.

BRÉVANNES (Seine-et-Oise), 1.066 hab. — ▣. ⊤. — Restaurant du Papillon.

BREZOLLES (Eure-et-Loir), 861 hab. — Hôtel-Restaurant de l'Écu.

BRUNOY (Seine-et-Oise), 2.180 hab. — ⛫. — ▣. — ⊤. — Hôtel-Restaurant du Commerce. — Mécanicien, Ruffin.

BUC (Seine-et-Oise), 730 hab. — Hôtel-Restaurant de Grand Balcon. — Hôtel-Restaurant du Teste.

CARRIÈRES-SOUS-POISSY (S.-et-O.), 1.731 hab. — ▣. — ⊤. — Mécanicien, Lelong.

CERGY (Seine-et-Oise.), 897 hab. — ▣. — ⊤. Hôtel-Restaurant, au Rendez-vous des Pêcheurs.

CERNAY-LA-VILLE (Seine-et-Oise), 681 hab. — ▣. — ⊤. — Hôtel-Restaurant des Cascades (Vaux-de-Cernay). — Restaurant Avril.

CHAMBLY (Oise), 1.636 hab. — ⛫. — ▣. — ⊤. — Hôtel-Restaurant du Nord. — Mécanicien, Faucher.

CHANTELOUP (Seine-et-Oise), 717 hab. — ⛫. — ▣. — ⊤. — Hôtel-Restaurant Saint-Roch.

CHARS (Seine-et-Oise), 1.053 hab. ⛫. — ▣. — ⊤. — Restaurant de la Paix.

CHARTRES (Eure-et-Loir), 23.108 hab. — ⛫. — ▣. — ⊤. — Hôtel-Restaurant du Duc de Chartres. — Hôtel-Restaurant du Grand-Monarque. — Hôtel-Restaurant de l'Ouest. — Hôtel-Restaurant de la Couronne. — Mécaniciens, Bachelet, Beaufils, Darcelle, David, Bouilly.

CHATEAUDUN (Eure-et-Loir), 7.148 hab. — ⛫. — ▣. — ⊤. — Hôtel-Restaurant, place du 18 Octobre. — Hôtel-Restaurant du Bon-Laboureur. — Mécanicien, Vanier.

CHATEAUNEUF-EN-TIMERAIS (E.-et-L.), 1.400 h. — ▣. — ⊤. — Hôtel-Restaurant de l'Écritoire. — Mécanicien, Larcher-Morin.

CHATOU (Seine-et-Oise), 3.581 hab. — 🏚. — ✉. — ⴕ. — Restaurant de l'Hôtel-de-Ville. — Mécanicien, Bouché.

CHAUMONT-EN-VEXIN (Oise), 1.431 hab. — 🏚. — ✉. — ⴕ. — Hôtel-Restaurant du Grand-Saint-Nicolas. — Mécanicien, Chéron.

CHEVREUSE (Seine-et-Oise), 1.808 hab. ✉. — ⴕ. — Hôtel-Restaurant du Grand-Laurier.

CONFLANS (Seine-et-Oise), 2.104 hab. — 🏚. — ✉. — ⴕ. — Restaurant du Rendez-vous des Longs Jours. — Mécanicien, Gustin.

CORMEILLES-EN-PARISIS (S.-et-O.), 1.907 hab. — 🏚. — ✉. — ⴕ. — Restaurant-Hôtel Saint-Vincent. — Mécanicien, Pouillard.

COURVILLE (Eure-et-Loir), 1.740 hab. — 🏚. — ✉. — ⴕ. — Hôtel-Restaurant de l'Écu.

CRESPIÈRES (Seine-et-Oise), 684 hab. — ✉. — ⴕ. — Hôtel-Restaurant Soreau.

CROISSY-SUR-SEINE (Seine-et-Oise), 1.829 hab. — 🏚. — ✉. — ⴕ. Mécanicien, Duncan-Suberbie.

DAMPIERRE (Seine-et-Oise), 677 hab. — ✉. — ⴕ. — Hôtel-Restaurant Saint-Pierre.

DOURDAN (Seine-et-Oise), 3.108 hab. — 🏚. — ✉. — ⴕ. — Hôtel-Restaurant de Lyon. — Hôtel-Restaurant du Croissant. — Mécaniciens, Geoffroy, Labbé.

DREUX (Eure-et-Loir), 9.364 hab. — 🏚. — ✉. — ⴕ. — Restauran du Grand-Cerf. — Mécanicien, Chauvin.

EAUBONNE (Seine-et-Oise), 1.086 hab. — 🏚. — ✉. — ⴕ. — Hôtel-Restaurant de l'Espérance. — Mécanicien, Bourgeois.

ÉCOUEN (Seine-et-Oise), 1.262 hab. — 🏚. — ✉. — ⴕ. — Hôtel-Restaurant du Nord.

ÉPERNON (Eure-et-Loir), 2.396 hab. — 🏚. — ✉. — ⴕ. Hôtel-Restaurant de la Grâce de Dieu.

ERMENONVILLE (Oise), 497 habit. — ✉. — ⴕ. — Hôtel-Restaurant du Château. — Hôtel-Restaurant de la Croix-d'Or.

ÉTAMPES (Seine-et-Oise), 8.573 hab. — ▦. — ▨. — ⊤. Hôtel-Restaurant du Grand-Courrier. — Hôtel-Restaurant du Grand-Monarque. — Mécanicien, Poirrier.

FERRIÈRES (Oise), 440 hab. — Mécanicien, Leclercq.

LA FERTÉ VIDAME (Eure-et-Loir), 960 hab. — ▦. — ▨. — ⊤. — Hôtel-Restaurant Saint-Jean.

FROISSY (Oise), 620 hab. — ▦. — ▨. — ⊤. — Hôtel-Restaurant, Pellegrin-Mignot.

GALLARDON (Eure-et-Loir), 1.584 hab. — ▦. — ▨. — ⊤. — Hôtel-Restaurant Saint-Pierre. — Mécanicien, Barrois-Blanchard.

GARCHES (Seine-et-Oise), 2.040 hab. — ▦. — ▨. — ⊤. — Hôtel-Restaurant des Belles-Vues. — Mécanicien, Legay-Guitelle.

GIF (Seine-et-Oise), 734 hab. — ▦. — ▨. — ⊤. — Hôtel-Restaurant de la Croix de Grignon. — Hôtel-Restaurant Camuseaux.

GRANDVILLIERS (Oise), 1.643 hab. — ▦. — ▨. — ⊤. — Hôtel-Restaurant de France et d'Angleterre. — Mécanicien, Lebrun.

GRIGNON (Seine-et-Oise), 259 hab. — ▦. — ⊤. — Hôtel-Restaurant Villa du Bel-Air.

GROSLAY (Seine-et-Oise), 1.233 hab. — ▦. — ▨. — ⊤. — Restaurant-Bonnevie. — Mécanicien, Rivière.

HERBLAY (Seine-et-Oise), 1.798 hab. — ▦. — ▨. — ⊤. — Hôtel-Restaurant, Chauveau.

HOUDAN (Seine-et-Oise), 1.968 hab. — ▦. — ▨. — ⊤. — Hôtel-Restaurant du Plat-d'Étain. — Mécanicien, Périchon.

HOUILLES (Seine-et-Oise), 2.391 habit. — ▦. — ▨. — ⊤. — Hôtel-Restaurant du Lion-d'Or. — Mécanicien, Montoriol.

ILLIERS (Eure-et-Loir), 2.860 habit. — ▦. — ▨. — ⊤. — Hôtel-Restaurant de la Gare. — Mécanicien, Vaillant.

L'ISLE ADAM (Seine-et-Oise), 3.470 habit. — ▦. — ▨. — ⊤. — Restaurant de la Mairie. — Mécanicien, Bourdil.

JANVILLE (Eure-et-Loir), 1.263 habit. — ▨. — ⊤. — Hôtel-Restaurant du Commerce.

JOUY-EN-JOSAS (Seine-et-Oise), 1.558 habit. — 🏠. — 🖃. — ☎. — Hôtel-Restaurant de la Gare. — Mécanicien, Piet.

JOUY-LE-MOUTIER (Seine-et-Oise), 669 habit. — Hôtel-Restaurant du Goujon de l'Oise. .

JUVISY-SUR-ORGE (Seine-et-Oise), 2.095 habit. — 🏠. — 🖃. — ☎. — Hôtel-Restaurant Belle-Fontaine. — Mécanicien, Gand frères.

LIMAY (Seine-et-Oise), 1.509 habit. — 🏠. — 🖃. — ☎. — Hôtel-Restaurant du Canard.

LIMOURS (Seine-et-Oise), 1.207 habit. — 🏠. — 🖃. — ☎. — Hôtel-Restaurant du Sabot Rouge. — Hôtel-Restaurant du Chemin de fer. — Mécanicien, Coiffard.

LONGJUMEAU (Seine-et-Oise), 2.551 habit. — 🏠. — 🖃. — ☎. — Hôtel-Restaurant du Cadran. — Hôtel-Restaurant Saint-Pierre. — Mécanicien, Lirot-Ménage.

LA LOUPE (Eure-et-Loir), 1.617 habit. — 🏠. — 🖃. — ☎. — Hôtel-Restaurant du Chêne-Doré. — Mécanicien, Bagault.

LOUVECIENNES (Seine-et-Oise), 1.210 habit. — 🏠. — 🖃. — ☎. — Hôtel-Restaurant du Passage à niveau.

MAGNY-EN-VEXIN (Seine-et-Oise), 1.948 habit. — 🏠. — 🖃. — ☎. Hôtel-Restaurant du Grand-Cerf. — Mécanicien, Aubry-Châtelain.

MAINTENON (Eure-et-Loir), 2.057 habit. — 🏠. — 🖃. — ☎. — Hôtel-Restaurant Saint-Pierre. — Mécaniciens, Mesnil, Comperat.

MAISONS-LAFFITTE (S.-et-Oise), 4.744 hab. — 🏠. — ☎. — 🖃. — Hôtel-Restaurant du Soleil-d'Or. — Mécaniciens, Bernadat, Descaves.

MANTES (Seine-et-Oise), 7.032 habit. — 🏠. — 🖃. — ☎. — Hôtel-Restaurant du Rocher de Cancale. — Hôtel du Soleil d'Or. — Mécaniciens, Laporte, Tabourier-Delval.

MARNES (Seine-et-Oise), 1.527 habit. — 🏠. — 🖃. — ☎. — Hôtel-Restaurant du Dauphin. — Mécanicien, Petit.

MARLY-LE-ROI (Seine-et-Oise), 1.491 hab. — 🏠. — 🖃. — ☎.

MARSEILLE-LE-PETIT (Oise), 704 hab. — 🏠. — 🖃. — ☎. — Hôtel-Restaurant de la Croix-d'Or.

MAULE-SUR-MAULDRE (Seine-et-Oise), 1.267 hab. — ✉. — ☏.
— Hôtel-Restaurant du Grand-Cerf. — Mécanicien, Thimont.

MAURECOURT (Seine-et-Oise), 461 hab. — ⛟. — Hôtel-Restaurant du Moulin à Vent.

MÉRÉ (Seine-et-Oise), 401 hab. — Hôtel-Restaurant à la sortie de Montfort.

MÉRU (Oise), 4.694 hab. — ⛟. — ✉. — ☏. — Hôtel-Restaurant, Angouin. — Hôtel-Restaurant Cappon-Bisson. — Mécanicien, Ruffin.

MEUDON (Seine-et-Oise), 8.005 hab. — ⛟. — ✉. — ☏. — Restaurant de la Mairie. — Restaurant de la Pêche Miraculeuse. — Mécanicien, Langlois-Leroux.

MEULAN (Seine-et-Oise), 2.792 hab. — ⛟. — ✉. — ☏. — Hôtel-Restaurant-Pinchon. — Hôtel-Restaurant de la Grande Pinte. — Mécanicien, Deherme-Cholet,

MILLY (Seine-et-Oise), 2.554 hab. — ✉. — ☏. — Hôtel-Restaurant du Cygne. — Hôtel-Restaurant du Lion d'Or. Mécanicien, Leton.

MOLIENS (Oise), 879 hab. — ⛟. — ✉. — ☏.

MONTFORT-L'AMAURY (S.-et-O.), 1.516 hab. — ⛟. — ✉. — ☏.
—Hôtel-Restaurant des Voyageurs. — Mécanicien, Prévost.

MONTLIGNON (Seine-et-Oise), 813 hab. — ✉. — ☏. — Hôtel-Restaurant du Bouquet-de-la-Vallée. — Mécanicien, Quénet. —

MONTMORENCY (Seine-et-Oise), 4.557 hab. — ⛟. — ✉. — ☏. — Hôtel-Restaurant de France. — Mécanicien, Ginesty.

LES MUREAUX (Seine-et-Oise), 2.070 hab. — ⛟. — ✉. — ☏. — Hôtel-Restaurant de Paris. — Mécanicien, Delahaye.

NEAUPHLE-LE-CHATEAU (S.-et-O.), 1.303 hab. — ⛟. — ✉. — ☏.
— Hôtel-Restaurant de l'Étoile. — Mécanicien, Troute.

NEUILLY-PLAISANCE (Seine-et-Oise), 1.963 hab. — ✉. — ☏. —
Restaurant de la Mairie. — Mécanicien, Armandet.

NEUVILLE (Seine-et-Oise), 450 hab. —. ⛟. — Hôtel-Restaurant du Pont de Neuville.

NOAILLES (Oise), 1.500 hab. — ⛟. — ✉. — ☏. — Hôtel-Restaurant de la Gare. — Hôtel-Restaurant de la Gerbe d'or.

NOGENT-LE-ROI (Eure-et-Loir), 1.573 hab. — 🚂. — 📧. — ⚓. — Hôtel-Restaurant de l'Étoile.

ORSAY (Seine-et-Oise), 1.773 hab. — 🚂. — 📧. — ⚓. — Hôtel-Restaurant de la Gare. — Hôtel-Restaurant de l'Étoile. — Mécanicien, Blondet-Gehier.

PALAISEAU (Seine-et-Oise), 2.701 hab. — 🚂. — 📧. — ⚓. — Hôtel-Restaurant de l'Éléphant. — Mécanicien, Châtelain.

LE PERRAY (Seine-et-Oise), 866 hab. — 🚂. — 📧. — ⚓. — Hôtel-Restaurant des Voyageurs.

LA GARE PERSAN (Seine-et-Oise), 1.820 hab. — 🚂. — 📧. — ⚓. — Hôtel-Restaurant de l'Oise. — Mécanicien, India-Rubber.

POISSY (Seine-et-Oise), 6.432 hab. — 🚂. — 📧. — ⚓. — Hôtel-Restaurant de Rouen. — Hôtel-Restaurant de la Terrasse. — Mécaniciens, Degroux, Perron.

PONT SAINTE-MAXENCE (Oise), 2.636 hab. — 🚂. — 📧. — ⚓. — Hôtel-Restaurant du Lion d'Argent. — Hôtel-Restaurant du Lion d'Or. — Mécanicien, Poupart.

PONTHIERRY (Seine-et-Oise), Commune de Saint-Fargeau. — Mécanicien, Roberteaux.

PONTOISE (Seine-et-Oise), 7.422 hab. — 🚂. — 📧. — ⚓. — Hôtel-Restaurant du Soleil d'Or. — Hôtel-Restaurant du Grand Cerf.

PORT-MARLY (Seine-et-Oise), 946 hab. — 🚂. — 📧. — ⚓. — Mécanicien, Lemée.

PRESLES (Seine-et-Oise), 1.179 hab. — 🚂. — 📧. — ⚓. — Hôtel-Restaurant Belle-Vue. — Mécanicien, Dreux.

RAMBOUILLET (Seine-et-Oise), 6.048 hab. — 🚂. — 📧. — ⚓. — Hôtel-Restaurant du Lion d'Or. — Hôtel-Restaurant de la Croix-Blanche. — Mécanicien, Prompsaud.

RESSONS-SUR-MATZ (Oise), 864 hab. — 🚂. — 📧. — ⚓. — Auberge Somon.

ROCHE-GUYON (Seine-et-Oise), 540 hab. — 📧. — ⚓. — Hôtel-Restaurant de la Maison Rouge.

ROCQUENCOURT (Seine-et-Oise), 238 hab. — Café Restaurant Lacoste.

ROSNY-SUR-SEINE (Seine-et-Oise), 703 hab. — ▦. — ▣. — ⌇. — Hôtel Restaurant du Commerce.

RUEIL (Seine-et-Oise), 9.937 hab. — ▦. — ▣. — ⌇. — Restaurant Matte. — Restaurant Denizet. — Mécanicien, Derault.

SACLAY (Seine-et-Oise), 552 hab.

SAINT-ARNOULT (Seine-et-Oise), 1.220 hab. — ▣. — ⌇. — Mécanicien, Aglantier.

SAINT-BRICE (Seine-et-Oise), 1.172 hab. — ▦. — ▣. — ⌇. — Mécanicien, Laurent.

SAINT-CLOUD (Seine-et-Oise), 5.660 hab. — ▦. — ▣. ⌁ ⌇. — Hôtel-Restaurant des Familles. — Mécaniciens, Michaux, Navarre.

SAINT-CYR-L'ÉCOLE (S.-et-Oise), 3.641 hab. — ▦. — ▣. — ⌇. — Mécanicien, Gaudron-Riquet.

ST-GERMAIN-EN-LAYE (S.-et-O.), 14.262 hab. — ▦. — ▣. — ⌇. Pavillon Henri IV. — Restaurant Targe. — Mécaniciens, Ducroquet, Gionnest.

SAINT-GRATIEN (Seine-et-Oise), 1.547 hab. — ▣. — ⌇. — Hôtel-Restaurant, Catinat. — Mécanicien, Hénocque.

ST-JUST-EN-CHAUSSÉE (Oise), 2.405 hab. — ▦. — ▣. — ⌇. — Hôtel-Restaurant du Cheval-Blanc. — Mécanicien, Martin-Bertin.

SAINT-LEU-TAVERNY (S.-et-O.), 2.421 hab. — ▦. — ▣. — ⌇. — Hôtel-Restaurant de la Croix-Blanche. — Mécanicien, Annette.

ST-MARTIN-DU-TERTRE (S.-et-O.), 623 hab. — ▦. — ▣. — ⌇.

SAINT-MICHEL-SUR-ORGE (S.-et-O.), 894 hab. — ▦. — ▣. ⌇. — Mécanicien, Cardaire.

SAINT-NOM-LA-BRETÈCHE (Seine-et-Oise), 668 hab. — Restaurant Girard.

SAINT-OUEN-L'AUMONE (Seine-et-Oise), 2.256 hab. — ▦. — Hôtel-Restaurant du Grand Cerf. — Mécaniciens, Chapelle frères.

SAINT-PRIX (Seine-et-Oise), 556 hab. ⊠: — ⊤. — Restaurant du Grosoyer.

ST-RÉMY-LES-CHEVREUSE (S.-et-O.), 691 h. — 🚃. — ⊠. — ⊤. — Hôtel-Restaurant Billard. — Mécanicien, Marcat.

SAINTE-GENEVIÈVE (Oise), 1.716 hab. 🚃. — ⊠. — ⊤. — Hôtel-Restaurant du Commerce. — Mécanicien, Watteuve.

SANNOIS (Seine-et-Oise), 3.857 hab. — 🚃. — ⊠. — ⊤. — Restaurant du Rond-Point. — Mécanicien, Lebon.

SARCELLES (Seine-et-Oise), 2.118 hab. — 🚃. — ⊠. — ⊤. — Restaurant Charpentier. — Mécanicien, Girot.

SENLISSE (Seine-et-Oise), 453 hab. — Hôtel-Restaurant des Artistes et Touristes.

SÈVRES (Seine-et-Oise), 6.902 hab. — 🚃. — ⊠. — ⊤. — Restaurant de la Terrasse. — Mécanicien, Chevreau-Ducret.

SOISY-SOUS-MONTMORENCY (S.-et-O.), 1.109 h. — 🚃. — ⊠. — ⊤. — Restaurant Leguillier. — Mécanicien, Marchand Félix et Cie.

SONGEONS (Oise), 1.056 hab. — 🚃. — ⊠. — ⊤. — Hôtel-Restaurant de l'Écu.

TAVERNY (Seine-et-Oise), 2.042 hab. — 🚃. — ⊠. — ⊤. — Hôtel-Restaurant de la Fontaine. — Mécanicien, Masset.

THOIRY (Seine-et-Oise), 436 hab. — ⊠. — ⊤. — Hôtel-Restaurant de l'Étoile.

TRAPPES (Seine-et-Oise), 1.000 hab. — 🚃. — ⊠. — ⊤. — Restaurant de l'Étoile.

TRIE CHATEAU (Oise), 840 hab. — 🚃. — ⊠. — ⊤. — Hôtel-Restaurant de l'Écu.

TRIEL (Seine-et-Oise), 2.681 hab. — 🚃. — ⊠. — ⊤. — Hôtel-Restaurant de la Gare. — Hôtel-Restaurant du Commerce. — Mécanicien, Jametel.

VAL-NOTRE-DAME (Seine-et-Oise). — 🚃. — Restaurant Bouchy. — Mécanicien, Carlier.

VAUCRESSON (Seine-et-Oise), 670 hab. — 🚃. — ⊠. — ⊤. — Restaurant Bicheret.

AUDRAMPONT (Oise). — Auberge du Bon-Accueil.

ERNON (Eure), 8.500 hab. — ⌨. — ✉. — ☏. — Hôtel d'Évreux. — Hôtel du Soleil d'Or.

ÉLIZY (Seine-et-Oise), 273 hab. — Hôtel-Restaurant Gigout.

ERNOUILLET (Seine-et-Oise), 826 hab. — ⌨. — ✉. — ☏. — Hôtel-Restaurant du Grand Saint-Martin.

ERRIÈRES-LE-BUISSON (Seine-et-Oise), 1.401 hab. — ✉. — ☏. — Hôtel-Restaurant du Faisan. — Mécanicien, Lamant.

ERSAILLES (Seine-et-Oise), 51.679 hab. — ⌨. — ✉. — ☏. — Hôtel des Réservoirs. — Restaurant du Rocher de Cancale. — Mécaniciens, Maguin, Presle et Verdé, Decourt.

LE VÉSINET (Seine-et-Oise), 4.342 hab. — ⌨. — ✉. — ☏. — Mécaniciens, Courtin, Wach.

VIARMES (Seine-et-Oise), 1.331 hab. — ⌨. — ✉. — ☏. — Hôtel-Restaurant du Cheval-Blanc.

VILLE-D'AVRAY (Seine-et-Oise). — ⌨. — ✉. — ☏. — Restaurant Cabassud (aux Étangs).

VILLEPREUX (Seine-et-Oise), 677 hab. — ⌨. — ✉. — ☏. — Restaurant Bon-Berly.

VILLIERS ADAM (Seine-et-Oise), 509 hab. — Hôtel-Restaurant de l'Espérance.

VOVES (Eure-et-Loir), 1.996 hab. — ⌨. — ✉. — ☏. — Hôtel-Restaurant des Trois-Rois. — Mécanicien, Nadeler.

Restaurant à Courbevoie.

Longchamp.

RENSEIGNEMENTS DIVERS

AMPOULES. — Percer la peau avec une aiguille d'acier, enfilée d'un fil de coton dont on laisse passer un bout de chaque côté; graisser ce fil au besoin; ne pas arracher la peau.

AXES FAUSSÉS. — Démonter la pièce, et la serrer à plusieurs reprises dans un étau entre deux morceaux de plomb.

BOISSONS. — Absorber le moins possible de boisson. Réserver l'alcool, ainsi que nous le dirons au mot *Fatigue*, pour l'usage externe. Les boissons les plus recommandables sont le vin *rouge*, mélangé d'eau de seltz, le café, les boissons sucrées.

BOUE. — Pour enlever la boue fraîche sur une machine, sans rayer le vernis, saupoudrer de sciure de bois qui tombera ensuite toute seule. Un coup de plumeau suffira ensuite. Pour terminer, essuyer les parties noires avec un chiffon humecté de pétrole, mais non mouillé.

CARTES. — Sur les cartes, un centimètre représente :

carte au $\frac{1}{80000}$	800 mètres (État-major).		
—	$\frac{1}{40000}$	400	—
—	$\frac{1}{100000}$	1000	— (Ministère de l'intérieur).
—	$\frac{1}{200000}$	2000	— (État-major).

Pour le calcul des côtes, la soustraction de deux côtes voisines sur une carte avec courbes donne la hauteur à monter entre les deux points.

CARTE DE CIRCULATION DANS PARIS. — Demander la carte au préfet de police par lettre non affranchie écrite sur papier timbré à 60 centimes. Quelques jours plus tard, se rendre, 2, quai du Marché-Neuf, où l'on délivre la carte contre signature et 25 centimes.

CLEF TROP LARGE. — Si les deux bords de la clef n'encadrent pas exactement le boulon à dévisser mettre entre les deux une pièce de monnaie.

CLOUS. — Pour éviter les clous de s'introduire dans le pneumatique, on attache un fil de fer solide en travers des fourches et presque au ras des roues. Le clou ne s'enfonçant presque jamais au premier tour de roue aura la chance de s'enlever avant qu'un deuxième tour le fasse pénétrer jusqu'à la chambre à air.

COLLIER TROP LARGE. — Si le collier qui entoure le guidon serre insuffisamment quand l'écrou a été vissé à fond mettre un morceau de papier émeri entre le guidon et ce collier.

CONTREPOISONS. — Contre le vermillon et tous les sels de plomb, employer le lait, les blancs d'œufs.

Contre l'arsenic, les champignons, employer un vomitif, absorber huile douce, beurre, ou huile de ricin.

Contre le vert-de-gris, l'iode, recourir au vomitif; puis tisane d'orge, cataplasmes sur le ventre.

CONTUSIONS. — Compressions douces pendant quelques minutes puis serrer moyennement avec un mouchoir ou une compresse.

COUPS DE SOLEIL. — Teinture de benjoin (une cuillerée pour ½ litre d'eau ou vaseline boriquée).

CREVASSES. — Eau ou vaseline boriquée.

CURVIMÈTRE. — Se compose d'un pas de vis et d'une roulette se mouvant latéralement. Faire tourner la roulette jusqu'à ce qu'elle résiste. Suivre sur la carte la route à mesurer, au moyen de la molette qui s'avance sur le pas de vis. Retourner l'instrument et suivre sur l'échelle de la carte jusqu'à ce que la roulette qui marche en sens inverse s'arrête. A ce moment le chiffre de l'échelle marquera la distance parcourue.

DISTANCE SUR LES CARTES. — Pour mesurer à vol d'oiseau sans curvimètre ni compas une distance sur une carte, prendre une feuille de papier blanc sur les bords de laquelle on reporte les divisions de l'échelle. On place le bord de la feuille sur la distance à mesurer. L'un des points terminus coïncidant avec le 0 de l'échelle, l'autre point se trouvera à un chiffre quelconque de l'échelle qui donnera la distance.

ÉCORCHURES. — Laver à grande eau et recouvrir avec du collodion ou de la baudruche.

ENTORSES. — Laver fréquemment avec de l'eau blanche.

ESSOUFFLEMENT. — Pour éviter l'essoufflement soit en montant une côte soit en pédalant à grande vitesse, aspirer par le nez et refouler par la bouche. Règle générale, il faut toujours respirer à fond et d'une façon rythmée.

ÉTOFFES IMPERMÉABLES. — Pour imperméabiliser une étoffe de lin, prendre du sous-acétate d'alumine. Pour la toile, se servir d'huile de lin siccative mélangée avec du bitume épuré. Encoller d'abord l'étoffe au moyen de mucilage de graine de lin et enduire de plusieurs couches du mélange.

ÉVANOUISSEMENT. — Coucher le malade horizontalement, élever les bras, déboutonner les vêtements, puis aspersion d'eau froide et faire respirer éther, vinaigre, acide acétique, sels anglais.

FATIGUE. — En promenade, traiter par de vigoureuses frictions d'alcool (rhum, cognac, etc.) les muscles endoloris par la fatigue. La fatigue aux genoux disparaît au moyen d'un massage violent ou en frottant avec flanelle et alcool camphré.

FRACTURE. — Couper les vêtements. Entourer avec des morceaux de bois le membre isolé par de la flanelle ou de la toile.

Lier solidement le tout, s'il y a plaie, nettoyer et panser auparavant. (Voir Plaie.)

GRAISSAGE DES ROULEMENTS. — 1° Employer de l'huile spéciale et en mettre 4 ou 5 gouttes dans chaque graisseur, pas davantage ou 2° Remplir les roulements démontés de vaseline.

GRAISSAGE DES CHAINES. — Suif, vaseline, savon noir, jamais d'huile qui encrasse. — Employer moitié plombagine, moitié vaseline, dissoudre le mélange sur feu doux et enduire.

HÉMORRHAGIE. — Appliquer un linge sur la plaie. Si l'écoulement continue, lier *fortement* le membre au-dessus de la plaie.

HUILE POUR LANTERNE. — On empêche l'huile des lanternes de se congeler en y introduisant un quart de vaseline et un quart de pétrole rectifié.

1° On peut avantageusement substituer à l'huile un mélange à parties égales d'alcool et d'essence de térébenthine.

2° 5 grammes d'acide borique en paillettes dissous dans 100 grammes d'alcool ordinaire à 95°. Prendre une petite cuillerée de ce mélange et agiter avec l'huile à brûler ordinaire.

LANTERNES EN TOILE. — Pour empêcher les lanternes en toile de brûler, il suffit de les tremper dans l'eau avant de les allumer. Le vent lui-même n'empêchera pas la bougie de brûler.

LOI SUR LA CIRCULATION DES VÉLOCIPÈDES. — (*Arrêté ministériel du 22 Février* 1896.)

ART. I. — La circulation des vélocipèdes sur toutes les voies publiques nationales, départementales et communales, sont soumises aux règles ci-après énumérées.

ART. II. — Tout vélocipède doit être muni d'un appareil avertisseur dont le son puisse être entendu à 50 mètres. Dès la chute du jour, il doit être pourvu, à l'avant, d'une lanterne allumée.

ART. III. — Tout vélocipède doit porter une plaque indiquant le nom et le domicile du propriétaire, ainsi qu'un numéro d'ordre, si le propriétaire est loueur de vélocipèdes.

ART. IV. — Les vélocipèdes doivent prendre une allure modérée dans la traversée des agglomérations, ainsi qu'aux croisements et aux tournants des voies publiques. Ils ne peuvent former de groupes dans les rues. Il leur est défendu de couper les cortèges et les troupes en marche. En cas d'embarras, les bicyclistes sont tenus de mettre pied à terre et de conduire leurs machines à la main.

ART. V. — Les vélocipédistes doivent prendre leur droite lorsqu'ils croisent des voitures, des chevaux ou des vélocipédistes, et prendre leur gauche lorsqu'ils veulent les dépasser : dans ce dernier cas, ils sont tenus d'avertir le conducteur ou le cavalier au moyen de leur appareil sonore et de modérer leur allure.

Les conducteurs de voitures et les cavaliers devront se ranger à leur droite à l'approche d'un vélocipède, de manière à lui laisser libre un espace utilisable d'au moins 1 mètre 50 de largeur.

Les vélocipédistes sont tenus de s'arrêter lorsqu'à leur approche un cheval manifeste des signes de frayeur.

ART. VI. — La circulation des vélocipèdes est interdite sur les trottoirs et contre-allées affectés aux piétons.

Cette interdiction ne s'étend pas aux machines conduites à la main. Toutefois en dehors des villes et agglomérations, la circulation des vélocipèdes pourra s'exercer, sur les trottoirs et contre-allées affectés aux piétons, le long des routes et chemins pavés ou en état de réfection.

Sur les trottoirs et contre-allées affectés aux piétons où la circulation des vélocipédistes est autorisée, ceux-ci sont tenus de prendre une allure modérée à la rencontre des piétons et de réduire leur vitesse à celle d'un homme au pas.

ART. VII. — La circulation des vélocipèdes peut être interdite par des arrêtés municipaux, temporairement ou d'une façon permanente, sur tout ou partie d'une voie publique.

A chacune des extrémités des espaces interdits, des écriteaux placés et entretenus par la commune donnent avis de l'interdiction.

ART. VIII. — Sont rapportés tous les arrêtés préfectoraux ou municipaux pris antérieurement pour réglementer la circulation des vélocipèdes dans les diverses communes du département.

ART. IX. — Les contraventions au présent arrêté seront constatés par des procès verbaux et déférés aux tribunaux compétents.

ART. X. — Les sous-préfets, maires, officiers de gendarmerie, ingénieurs et agents des ponts et chaussées, les agents voyers, les commissaires de police, les gardes champêtres et tous officiers de police judiciaire sont chargés de veiller à l'exécution du présent arrêté qui sera inséré au RECUEIL DES ACTES ADMINISTRATIFS, affiché et publié dans toutes les communes du département.

MANIVELLES. — On doit toujours veiller en achetant une machine à ce que la longueur des manivelles soit en proportion avec la multiplication.

Pour 1,37 de multiplication il faut des manivelles de 15 cent.

— 1,60   —   —   17 —

par exemple.

MÈCHES DE LANTERNES. — Lorsqu'une mèche de lanterne n'a pas servi pendant longtemps et brûle mal, la nettoyer dans de l'essence ou du pétrole et l'essuyer avec un linge sec.

Couper les mèches plus bas au milieu que sur les bords.

MULTIPLICATION ET DÉVELOPPEMENT.

La *multiplication* s'obtient en multipliant le nombre des dents de la roue dentée du pédalier par le diamètre de la roue motrice et en divisant le total obtenu par le nombre de dents du pignon de la roue motrice.

Le *développement* s'obtient en multipliant le chiffre de la multiplication de la machine par le nombre 3,1416, qui est, comme on sait, la formule de la circonférence.

NEIGE. — Par un temps de neige, pour éviter que les roues ne s'augmentent du volume des flocons qui s'attachent, enduire les pneus d'un peu de savon noir.

NETTOYAGE DE LA CHAINE. — Enlever le bouton d'assemblage et mettre la chaîne au-dessus d'une flambée de bois sec. Essuyer ensuite avec un chiffon et graisser.

NETTOYAGE DES ROULEMENTS. — Injecter du pétrole au moyen d'une burette jusqu'à ce que le liquide coule *clair*. Faire manœuvrer les roulements quelques instants et graisser ensuite. Éviter que l'huile ne tombe sur les parties en caoutchouc, car l'huile est un *dissolvant* de ce produit.

On peut aussi injecter de l'éther ou du sulfure de carbone.

MULTIPLICATION ET DÉVELOPPEMENT D'UNE BICYCLETTE

NOMBRE DE DENTS		DIAMÈTRE DE LA ROUE MOTRICE					
		0m 65		0m 70		0m 75	
ROUE DENTÉE	DU PIGNON	Multiplication	Développement	Multiplication	Développement	Multiplication	Développement
16	7	1m 48	4m 65	1m 60	5m 00	1m 71	5m 37
	8	1m 30	4m 08	1m 40	4m 40	1m 50	4m 71
	9	1m 15	3m 61	1m 24	3m 88	1m 33	4m 15
17	7	1m 58	4m 96	1m 70	5m 34	1m 82	5m 71
	8	1m 38	4m 32	1m 48	4m 65	1m 59	4m 99
	9	1m 22	3m 83	1m 31	4m 12	1m 41	4m 43
18	7	1m 67	5m 25	1m 80	5m 64	1m 93	6m 06
	8	1m 46	4m 58	1m 57	4m 93	1m 69	5m 31
	9	1m 30	4m 08	1m 40	4m 40	1m 50	4m 71
19	7	1m 76	5m 53	1m 90	5m 94	2m 03	6m 38
	8	1m 54	4m 84	1m 63	5m 18	1m 78	5m 56
	9	1m 37	4m 30	1m 47	4m 62	1m 58	4m 96
20	7	1m 85	5m 81	2m 00	6m 26	2m 13	6m 69
	8	1m 62	5m 09	1m 75	5m 50	1m 87	5m 87
	9	1m 44	4m 52	1m 55	4m 87	1m 66	5m 00
21	7	1m 95	6m 12	2m 10	6m 59	2m 25	7m 06
	8	1m 70	5m 34	1m 83	5m 75	1m 96	6m 15
	9	1m 51	4m 74	1m 62	5m 09	1m 74	5m 46
22	7	2m 04	6m 41	2m 20	6m 91	2m 35	7m 38
	8	1m 78	5m 60	1m 92	6m 04	2m 06	6m 47
	9	1m 59	4m 99	1m 71	5m 37	1m 83	5m 75
23	7	2m 13	6m 70	2m 30	7m 22	2m 47	7m 75
	8	1m 87	5m 87	2m 01	6m 31	2m 15	6m 75
	9	1m 66	5m 21	1m 78	5m 59	1m 91	6m 00
24	7	2m 22	7m 07	2m 40	7m 53	2m 57	8m 00
	8	1m 95	6m 12	2m 10	6m 60	2m 25	7m 06
	9	1m 73	5m 43	1m 86	5m 85	2m 00	6m 28

**OBJETS NÉCESSAIRES POUR RÉPARER LES PNEUMA-
TIQUES.** — Tire-pneu. — Toile gommée et bandes de caoutchouc. — Dissolution de caoutchouc. — Tube de valve. — Ben-
zine. — Talc.

PANSEMENT. — Se laver soigneusement les mains. Nettoyer
absolument la plaie avec de l'eau bouillie dans laquelle on peut
ajouter un antiseptique tel que 30 grammes d'acide borique pour
1 litre, 2 1/2 0/0 (pas davantage) d'acide phénique, un peu d'alcool, ou de coaltar. — Tamponner avec de l'ouate hydrophile.
Mettre une compresse de plusieurs épaisseurs imbibée d'un mélange antiseptique comme il est dit plus haut : par-dessus un
tampon d'ouate hydrophile, et entourer le tout avec des bandes
de toile.

PAQUETS. — Pour porter les paquets, les sacs ou les petites va-
lises sur le cadre de sa machine, avoir soin de mettre toujours
la partie la plus lourde dans l'axe du pédalier.

PÉDALE FAUSSÉE. — La démonter et redresser l'axe au moyen
d'un étau en le mettant entre deux morceaux de plomb ou de bois
tendre. Se servir d'un maillet *en bois* et mettre toujours la por-
tion la plus longue entre les mâchoires de l'étau.

PEINTURE DE L'ÉMAIL. — Pour repeindre à l'émail noir les
parties nécessaires, enlever la rouille avec du pétrole ou de l'é-
meri, mettre le verni spécial bien légèrement. Si un peu d'émail
en surcroît doit être enlevé, se servir d'un chiffon imbibé d'essence de térébenthine.

PIQURES. — Alcali, acide phénique, solution de $\frac{1}{1000}$ de sublimé.
Pour un cas grave, une morsure de vipère, par exemple, sucer
fortement et cautériser.

PLAIE SAIGNANTE. — Étancher avec du coton hydrophile et
rapprocher les bords de la plaie avec du sparadrap.

POIGNÉES DE LIÈGE. — Elles s'approprient en les frottant avec
un peu de flanelle imbibée d'essence de térébenthine.

POSTES DE SECOURS DU TOURING-CLUB. — Comprenant
boîte de pharmacie, outils et nécessaires pour réparations des
pneumatiques. — Gratuits à la disposition de tous.

Bois de Boulogne. — Chalet Grossetête (Porte Maillot).

Enghien. — *Au vrai Cygne d'Enghien*, à l'angle des routes d'Argenteuil et d'Épinay.

Carrefour Pompadour. — *Hameau de la Solitude.*

Rueil. — 43, boulevard de Saint-Cloud.

Forêt de St-Germain. — Passage à niveau de la gare d'Achères.

Croix de Noailles, id. — Veuve Raiguenet.

Forêt de Marly. — Garde forestier à Saint-Nom-la-Bretèche.

Forêt de Montmorency. — *Au Bouquet de la Vallée.*

Cernay. — Hôtel de *la Poste.*

Versailles. — Côte de Picardie, à la grille de l'octroi.

Ville-d'Avray. — *Ermitage de Fausses Reposes.*

St-Cloud. — Maréchal, boulevard de Versailles.

Eaubonne. — Route de Méru à St-Denis, hôtel de *l'Espérance.*

La Bourdinière. — Entre Chartres et Bonneval.

Clamart. — *Petit-Bicêtre.* — *Au Rendez-vous de la chasse du Petit-Bicêtre.*

Orgeval. — Maison Blanche. Maison Morisset.

Saint-Cyr-l'École. — Hôtel du *Soleil d'Or.*

RAYONS BRISÉS. — Pour réparer un rayon brisé en route dans son milieu, replier chacune des extrémités en forme de crochets, et au moyen d'un fil de fer, réunir ces crochets entre eux. Attacher le fil à l'un des crochets et serrer fortement en se servant de l'autre comme anneau, pour obtenir une forte traction.

Si le rayon se casse près du moyeu, l'enlever en laissant une partie dépasser, pour que le mécanicien puisse réparer la roue.

REFROIDISSEMENT. — Pour éviter un refroidissement en arrivant à l'étape, mettre un journal entre son veston et son gilet, un devant, un autre derrière, refermer son veston et en relever le col. Si malgré tout, on se sent saisi par le froid, remonter quelques instants en machine et lutter de vitesse jusqu'à ce qu'on soit en transpiration. Le mal sera évité.

ROUILLE. — On peut enlever les taches de rouille peu profondes au moyen de la glycérine ou en frottant avec un oignon coupé en deux.

ROUILLE SUR LES PARTIES NICKELÉES. — On dissout la rouille avec du pétrole et, après avoir essuyé on enduit les surfaces nickelées avec du vernis à tableau, très légèrement et avec un pinceau (nécessaire au bord de la mer).

SELLE DÉTENDUE. — Une selle qui se détend d'une façon excessive se retend facilement en la mouillant avec une éponge pendant quelques jours de suite.

SAIGNEMENT DE NEZ. — Élever le bras voisin de la narine qui saigne et rester ainsi quelques minutes. — Compresses froides sur le front.

SYNCOPE. — Boire une cuillerée à café d'acétate ammoniaque mélangée à un verre d'eau sucrée; respirer de l'éther.

TACHES DE CAMBOUIS SUR VÊTEMENTS. — Étendre du beurre sur la tache, essuyer avec une serviette et savonner *à sec.* Rincer ensuite à grande eau. — Ne pas trop tarder.

TACHES D'HUILE SUR VÊTEMENTS. — Imbiber d'essence de térébenthine et saupoudrer encore humide avec du plâtre à modeler.

TARAUDAGE USÉ. — Si, en route, un écrou vient à avoir le taraudage usé, découper un morceau de gant ou de papier et entourer la pièce avant de revisser l'écrou.

TROU DANS LES PNEUS. — Pour trouver sûrement le trou quelquefois imperceptible d'un pneu lorsqu'on n'a pas assez d'eau ni de récipient, faire de la mousse de savon au besoin avec de la salive et enduire la partie où se trouve le trou présumé. Une bulle qui se forme aussitôt montrera l'endroit perforé. On peut dans ce dessein emporter avec soi dans une petite boîte à poudre de riz, une minuscule éponge imbibée d'eau de savon ou des cahiers de feuilles de savon, en vente partout.

Si le trou est presque imperceptible et que l'on n'ait pas sur soi de nécessaire à réparation, on peut tout simplement coller un petit morceau de baudruche ou de papier à timbre, suffisants pour gagner le village le plus proche.

Un autre moyen consiste à nouer fortement avec une simple ficelle la chambre à air, au-dessus et au-dessous du trou. La chambre, au lieu d'être circulaire, se trouve ainsi formée d'une sorte de boudin courbé. On regonfle ensuite comme si l'accident n'était pas arrivé et le résultat permet de rouler très suffisamment. On sait du reste que certains pneumatiques sont construits d'après ce principe.

VIS QUI SE DESSERRENT. — Pour toutes les petites vis et écrous, surtout celles des accessoires, enduire, une fois vissées, d'un peu de vernis à tableau que l'on dissout facilement au besoin avec l'essence de térébenthine.

VITESSE. — En prenant pour unité le nombre de kilomètres parcourus en une heure et en calculant avec une montre à secondes le temps écoulé entre deux poteaux kilométriques, on trouvera aisément la vitesse en kilomètres et à l'heure.

Le tableau suivant évitera les calculs à faire sur place :

Ex. : Si l'on constate que l'on a fait un kilomètre en 3 minutes 45 secondes, on prend la colonne verticale de 3 minutes et la colonne horizontale de 45 secondes.

Le chiffre trouvé 16 indiquera que l'on a marché à la vitesse de 16 kilomètres à l'heure.

BARÈME DES VITESSES

Secondes.	1 minute.	2 minutes.	3 minutes.	4 minutes.	5 minutes.
	kil. m.	kil. m.	kil. m.	kil. m.	kil. m.
0	»	30 »	20 »	15 »	12 »
5	»	28.800	19.459	14.693	11.803
10	»	27.692	18.947	14.400	11.612
15	»	26.666	18.461	14.117	11.428
20	»	25.714	18 »	13.846	11.250
25	»	24.827	17.561	13.584	11.076
30	40 »	24 »	17.142	13.333	10.909
35	37.874	23.225	16.744	13.090	10.746
40	36 »	22.500	16.363	12.857	10.588
45	34.285	21.818	16 »	12.631	10.434
50	32.727	21.176	15.652	12.413	10.285
55	31.304	20.571	15.319	12.203	10.140
60	30 »	20 »	15 »	12 »	10 »

TABLEAU D'ASSEMBLAGE DES PARCOURS DIRECTS

TABLE DES MATIÈRES

Typographie Firmin-Didot et Cⁱᵉ. — Mesnil (Eure).

www.ingramcontent.com/pod-product-compliance
Lightning Source LLC
Chambersburg PA
CBHW072017080426
42733CB00010B/1733